La violencia vino del Norte

La violencia vino del Norte

Carlos Pérez Ricart

DEBATE

El papel utilizado para la impresión de este libro ha sido fabricado a partir de madera
procedente de bosques y plantaciones gestionadas con los más altos estándares ambientales,
garantizando una explotación de los recursos sostenible con el medio ambiente y beneficiosa para las personas.

Penguin Random House Grupo Editorial

La violencia vino del Norte

Cómo el lujo de armas desde Estados Unidos alimenta la violencia en México

Primera edición: diciembre, 2025

penguinlibros.com

ISBN: 978-607-386-769-6

Impreso en México – *Printed in Mexico*

Índice

Introducción

George W. Bush firma la Ley de Protección del Comercio Lícito de Armas (Protection of Lawful Commerce in Arms Act, PLCAA), 26 de octubre de 2005. Imagen: AP Photo/J. Scott Applewhite.

Hay una foto. Siempre hay una foto.

En el centro, George W. Bush. Traje gris, corbata azul, pin de la bandera de Estados Unidos en la solapa. Acaba de firmar una de las leyes más inmorales y más cínicas de la historia reciente de su país. A su lado, seis hombres blancos. Todos son millonarios y van impecablemente vestidos. Aplauden. Son senadores y congresistas republicanos. Es octubre de 2005. Lo que celebran es la firma de la Ley de Protección del Comercio Lícito de Armas (Protection of Lawful Commerce in Arms Act, PLCAA), la ley que blindó jurídica y financieramente a los fabricantes de armas en Estados Unidos. A partir de ese momento, cualquier intento de responsabilizar legalmente a la industria por las consecuencias de sus productos quedó anulado. Ni demandas civiles, ni sanciones económicas, ni juicios reparatorios. La tinta que Bush plasmó en aquel documento creó una zona de inmunidad legal para una de las industrias más letales del planeta.

Un año antes, Bush no firmó nada. Solo dejó que muriera una ley. El 13 de septiembre de 2004 expiró, sin debate ni duelo, la Prohibición Federal de Armas de Asalto (Assault Weapons Ban, AWB). Durante 10 años, esa norma había restringido la producción y venta de rifles diseñados para el combate en Estados Unidos. Pero contenía una cláusula de caducidad: 10 años, ni uno más. En lugar de impulsar su renovación, Bush eligió el silencio. Dejó correr el reloj. Y, al día siguiente, los rifles de asalto volvieron al mercado como si nada. No hubo ceremonia. No hizo falta. La industria sabía que había ganado.

* * *

Este libro parte de una premisa simple: sin armas, la violencia que hoy devasta a México no habría alcanzado esta escala. No se trata de negar las causas internas —las hay, y son muchas—, sino de identificar el factor decisivo. Las armas ilegales provenientes de Estados Unidos no fueron un accesorio. Fueron condición necesaria. Sin ellas, la disputa criminal, la fragmentación territorial y la corrupción institucional no habrían derivado en la masacre que comenzó en 2007. Esta violencia vino del Norte. Ahí comenzó. Y ahí también deberá iniciar su resolución.

Durante medio siglo, México redujo su tasa de homicidios. Entre 1950 y 2007, con altibajos, la tendencia fue clara: menos asesinatos, menos muertes violentas, menos plomo. En 2007 se alcanzó el mínimo histórico. ¿Se cumplía por fin la promesa del desarrollo? Eso parecía.

Lo que nadie imaginaba —o no quiso ver— era que el ciclo estaba por romperse.

La tormenta no se gestó en México, sino al otro lado de la frontera. Entre 2004 y 2005, con la expiración de la AWB, la aprobación de la PLCAA y el relajamiento progresivo de las leyes estatales del vecino del norte, el acceso a armas de alto poder se volvió más fácil que nunca. En Texas, Arizona y Nuevo México, las armerías se multiplicaron. Lo que antes eran tiendas de pistolas se convirtieron en supermercados de rifles. En muchas de ellas bastaba —y sigue bastando— con tener más de 18 años y una identificación válida para comprar uno, cinco o 50 AR-15. Legalmente. Sin preguntas. Sin rastro.

Esas armas cruzaron la frontera. En maleteros, mochilas, compartimentos ocultos. A plena luz. Nadie revisa los autos que salen de Estados Unidos con dirección a México. Nadie pregunta. Nadie inspecciona.

El estudio más riguroso hasta la fecha estima que cada año cruzan entre 72 000 y 258 000 armas hacia México. La media es de 135 000 al año. Son 369 por día: 15 cada hora. Una cada cuatro minutos.

Para 2024, 70.5% de las armas encontradas en escenas del crimen en México habían sido producidas en Estados Unidos o importadas a ese país antes de cruzar la frontera. No son conjeturas. Son rastros.

El daño fue cuantitativo y organizativo. Con acceso estable y barato a rifles de asalto, los grupos criminales dejaron de ser solo narcotraficantes. Se diversificaron. Usaron las armas para extorsionar, secuestrar, controlar territorios y sitiar ciudades. Se volvieron empresarios armados. Operadores de una violencia diversificada. La pistola dejó de ser herramienta y se volvió centro de operaciones. Lo que antes eran disputas económicas se convirtieron en guerras abiertas.

Primero llegaron las armas. Luego vino la diversificación criminal. Después, la violencia generalizada. Ese es el mecanismo causal que este libro explora. Un trayecto que comienza en la firma de una ley, pasa por la frontera sur de Estados Unidos y termina en los cuerpos que caen del lado mexicano.

* * *

Aquí se rastrean las decisiones, las omisiones y las complicidades que permitieron esta catástrofe. Se examina el papel de la industria armamentista, la negligencia regulatoria de Washington, la porosidad de la frontera, la relación entre armas y drogas, el impacto tecnológico en el contrabando, la corrupción policial y las opciones reales para revertir este desastre.

Mapa del libro

Este libro está organizado como una secuencia lógica, pero también como una acusación. Cada capítulo avanza sobre una parte distinta del engranaje que hizo posible la catástrofe. Este es el itinerario:

El primer capítulo parte de una constatación empírica: 2007 marcó un quiebre sin precedentes en la violencia homicida en México. Hasta ese momento, la tasa de homicidios venía disminuyendo de manera sostenida y había alcanzado mínimos históricos comparables con los de países europeos. De pronto, en apenas un par de años, los asesinatos se duplicaron y luego se triplicaron. El capítulo no busca una teoría unificadora del desastre, sino cuestionar las hipótesis más repetidas y esbozar una lectura distinta. Revisa enfoques estructurales, operativos y coyunturales; confronta narrativas cómodas y plantea una pregunta de fondo: ¿qué cambió tan drásticamente a partir de 2007? La respuesta, que aquí apenas se insinúa, será desarrollada en el resto del libro: lo que cambió fue el acceso a las armas.

El segundo capítulo ofrece una radiografía del ecosistema armamentista estadounidense. Se describe su lógica interna, su magnitud, sus actores y sus fisuras. ¿Quién produce? ¿Qué tipo de armas? ¿Con qué controles? El capítulo se sumerge en los datos: más de 13 millones de armas producidas anualmente, una industria altamente concentrada, una economía legal que genera decenas de miles de millones de dólares al año. También se analizan las diferencias entre tipos de armas, la evolución de los rifles semiautomáticos y el lugar que ocupa el fusil AR-15 como símbolo de la libertad mal entendida. Como enfatiza el texto, no se trata solo de números: se trata del tipo de poder de fuego que se pone en circulación, de su cadencia letal y de su capacidad para convertir cualquier espacio civil en un campo de batalla.

El tercer capítulo reconstruye el único momento, en las últimas décadas, en que pareció posible establecer controles serios sobre la circulación de armas en Estados Unidos. Fue a mediados de los años noventa, con la aprobación de dos medidas clave: la Ley Brady y la Prohibición Federal de Armas de Asalto. Aquí se explica cómo surgieron, qué buscaban y cómo funcionaron. También se recupera el caso paradigmático de James Brady, víctima del intento de asesinato contra Ronald Reagan en 1981, convertido luego en emblema del control armamentista. El capítulo es aleccionador. Muestra que regular era posible, que hubo avances concretos —como el sistema de verificación de antecedentes— y que, por un momento, el debate público estuvo dispuesto a enfrentar el poder de la industria. Rescata, también, la relevancia de las personas que lucharon para que Estados Unidos se convirtiese en "un país normal". El capítulo muestra los límites de esa ventana: fue estrecha, fue frágil y fue cerrada con rapidez. Las concesiones políticas que permitieron esos avances también sembraron su debilidad futura.

El cuarto capítulo describe el desmantelamiento sistemático del marco regulatorio construido en los noventa. Es la segunda parte de una historia que terminó en tragedia. El desmantelamiento fue orquestado. A partir del año 2000, y con particular fuerza entre 2003 y 2005, se impuso una nueva agenda legislativa promovida por el Partido Republicano y la Asociación Nacional del Rifle (National Rifle Association, NRA). Se analiza con detalle cómo se dejó morir la AWB, cómo se aprobó la PLCAA —blindando a los fabricantes frente a demandas civiles— y cómo se impusieron las enmiendas Tiahrt, que convirtieron los datos sobre rastreo de armas en secreto de Estado. Lo que emerge es una estrategia de fondo: reducir la capacidad del Estado para vigilar, sancionar o siquiera conocer el destino de las armas que se producen. El capítulo muestra que este no fue un retroceso técnico, sino un viraje ideológico: se pasó de una lógica de contención a una lógica de desregulación. La industria armamentista dejó de ser tolerada para convertirse en intocable.

El quinto capítulo cruza la frontera y examina el tráfico de armas hacia México como fenómeno estructural. Desmiente la idea de que el contrabando es producto del crimen organizado sofisticado o de redes trasnacionales bien armadas. La realidad es mucho más simple: el tráfico ocurre a través de miles de transacciones pequeñas, repetidas, casi invisibles. Es el llamado comercio hormiga: ciudadanos estadounidenses sin antecedentes compran legalmente una o dos armas y las cruzan a México en sus vehículos, sin inspección ni registro. El capítulo expone cómo este patrón se repite miles de veces al año, cómo se multiplicaron las armerías en los estados fronterizos y cómo las plataformas digitales, las ferias de armas y las ventas entre particulares permiten eludir todo control. También analiza el rol de los compradores de paja, la falta de verificación obligatoria y la pasividad de las autoridades de ambos lados.

El último capítulo, el sexto, se centra en las consecuencias. No en la abstracción de la violencia, sino en su transformación concreta. ¿Qué pasa cuando miles de rifles de asalto, cargadores ampliados y pistolas semiautomáticas irrumpen en un país con instituciones frágiles y disputas criminales abiertas? Cambia todo: cambia la escala del conflicto, cambia la letalidad, cambia la estructura misma del crimen organizado. Aquí se muestra cómo el armamento estadounidense facilitó la militarización de los grupos delictivos, su expansión territorial y la diversificación de sus actividades económicas. Se analiza también la respuesta estatal: un Estado rebasado que opta por la militarización como única política de contención. El capítulo finaliza con una idea ineludible: sin rifles no hay masacres. Sin rifles, la violencia en México habría seguido otros cauces. Las armas no explican todo, pero sin ellas nada de esto habría sido posible.

El libro termina con un epílogo. Examina lo que aún puede hacerse y lo que ya se ha dejado de hacer. Bajo el nuevo gobierno de Donald Trump, el desmantelamiento de las pocas barreras regulatorias que aún quedaban se ha acelerado. La tendencia es clara:

menos controles, más armas, menos rendición de cuentas. Frente a ese escenario, esta última sección propone rutas concretas: reformas posibles, ajustes normativos, acuerdos binacionales. Ideas concretas para detener el río de acero.

* * *

Lo que sigue no es una denuncia ni un memorial de agravios. Es una investigación. Un intento por entender cómo se construyó esta crisis, quiénes se beneficiaron, qué leyes lo permitieron y por qué nadie lo detuvo a tiempo. Este libro recorre ese itinerario: desde las fábricas y ferias del norte hasta las escenas del crimen en el sur. Desde la ley hasta la sangre.

Que al menos este libro sirva para mirar sin evasivas lo que habíamos preferido no ver.

1

Las causas del desastre

Febrero 2007 fue, con toda probabilidad, el mes menos violento en la historia reciente de México. Según los datos del Instituto Nacional de Estadística y Geografía (INEGI), ese mes se contabilizaron exactamente 488 homicidios.

En un país de más de 108 millones de habitantes, ese mes, la tasa de homicidios se ubicó en 5.8 por cada 100 000 (el año cerró en 8.15). Una cifra baja incluso a escala internacional. Una anomalía estadística que pasó casi desapercibida. Pero fue real.

Me gusta pensar en aquel febrero de 2007. Por entonces llegábamos al pico de una tendencia cuyo significado se nos escapaba: durante casi dos décadas, México había reducido su tasa de homicidios de forma sostenida. Ese mes marcaba el punto más bajo, el cierre de un ciclo que —sin que nadie lo supiera— estaba por romperse. Fue el pico de un largo proceso de pacificación. No me gusta la palabra, pero sirve: entre 1990 y 2007, logramos cortar a la mitad la tasa de asesinatos.

Gráfica 1.1

Tasa de homicidios por cada 100 000 habitantes en México (1990-2007)

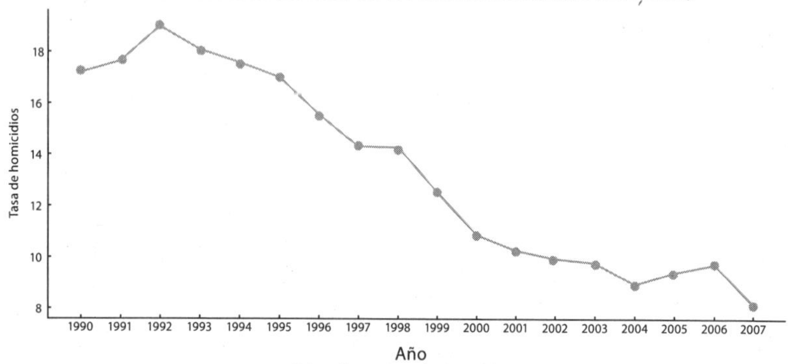

Elaboración propia con los datos del INEGI

Las razones de aquel descenso siguen sin entenderse del todo, aunque algunas pistas asoman: la expansión sostenida del sistema educativo, la disminución de los conflictos agrarios, ciertos márgenes de estabilidad institucional.[1] Fragmentos de una explicación, no una teoría completa.

Aquel febrero marcaba el final de algo que nunca terminamos de valorar. El cierre silencioso de una etapa que el pesimismo nacional —siempre más atento al desastre que a las buenas noticias— prefirió ignorar.

En 2007 esa racha —por llamarla de alguna manera— se interrumpió. Algo cambió. ¿Qué fue? No lo sabemos con certeza, pero el efecto fue inmediato: la violencia homicida comenzó a crecer con velocidad implacable.

Fue un quiebre. Un viraje abrupto que dinamitó el lento aunque sostenido proceso de contención que había durado casi dos décadas. ¿Qué lo provocó? ¿Qué detonó ese punto de inflexión?

Este capítulo no pretende resolver el enigma de la violencia en México, pero sí ordenar sus hipótesis. El objetivo es limitado —y

[1] Raúl Zepeda Gil y Carlos A. Pérez Ricart, "Effects of Long-Term Development and Schooling Expansion on the Decline in Homicide Rates: Mexico from 1950 to 2005", *Journal of Crime and Justice* 46, núm. 1 (2022): 1-23.

deliberado—: revisar los enfoques predominantes, confrontar sus supuestos y esbozar un marco propio de interpretación.

A diferencia del resto del libro, este capítulo se detiene en causas múltiples: disputas criminales, acciones de gobierno, fracturas entre organizaciones y cambios sociales de largo alcance. A partir del siguiente, el enfoque será otro. Propondré una idea más precisa: que el acceso masivo a las armas no solo agravó la violencia, sino que la volvió inevitable. Que ese mercado legal, tolerado y lucrativo convirtió una crisis contenible en una tragedia estructural.

* * *

Desde al menos 2010, buena parte del trabajo académico y periodístico ha girado en torno a una pregunta: ¿cómo explicar la violencia en México? La urgencia es comprensible. En pocos años, el país pasó de ser un caso de contención relativa a figurar entre los más violentos del mundo.

La transformación fue tan brusca que desfondó las explicaciones anteriores. Las teorías clásicas sobre crimen organizado no alcanzaban. Los marcos sobre conflictividad social tampoco. Nos enfrentamos a algo nuevo: una violencia desbordada, sin precedentes, que parecía operar con otra lógica.

No hay una causa única. No la hubo ni la habrá. La violencia en México no responde a una lógica lineal ni admite una "teoría general" que la contenga. Lo que sí existe son múltiples enfoques. Algunos se complementan, otros se contradicen. Todos buscan dar sentido a un fenómeno que se resiste a ser explicado en singular. Este capítulo los recoge, los pone en diálogo y, con ello, abre el mapa.

Antes de entrar en los enfoques, vale la pena mirar el quiebre en sus propios términos. No las causas, todavía, sino los hechos. Y es que, más allá de las interpretaciones, lo que ocurrió entre 2007 y 2009 fue una transformación cuantificable. Una inflexión visible en los registros oficiales. Los números —y los lugares donde explotaron— cuentan una historia que todavía no hemos alcanzado a narrar en toda su complejidad.

Los números y los lugares

La historia se ha contado varias veces, pero vale la pena repetirla. Vale la pena hacerlo paso a paso.

Según las actas de defunción capturadas por el INEGI, en 2007 se registraron 8 867 homicidios. Un año después, en 2008, la cifra superó los 14 000: un salto del 58%. Y al año siguiente volvió a repetirse el patrón. En 2009 se contabilizaron 19 803 asesinatos, 41% más que el año anterior.

En otras palabras: en apenas dos años (714 días) los homicidios en México aumentaron 123%. Ese salto no estaba en ningún pronóstico. No era parte de la tendencia. Fue una ruptura.

Gráfica 1.2

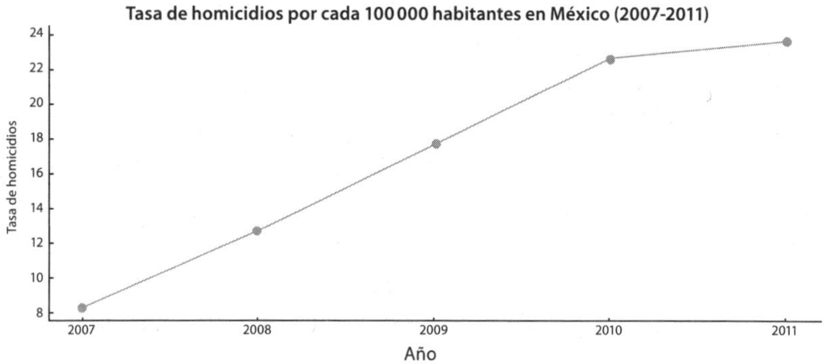

Elaboración propia con los datos del INEGI

A este crecimiento del homicidio se le pueden atribuir causas estructurales. Pero sería ingenuo detenerse ahí. Todo indica que esas causas de fondo deben ser acompañadas por explicaciones coyunturales. Dicho de otro modo: más allá de las inercias de mediano y largo plazo, algo pasó en esa coyuntura crítica. Algo alteró el curso.

Un puñado de estados concentró gran parte de los homicidios ocurridos en esos dos años: Chihuahua, Guerrero, Durango, Sinaloa, Baja California y, en menor medida, Michoacán, Sonora y Nayarit. Aunque el epicentro estuvo ahí, el sismo fue nacional. En casi todo el país —con la excepción de Yucatán— la tasa de homicidios aumentó en aquel periodo. En palabras de Fernando Escalante:

> La tasa aumenta en todos los estados del país. En los más ricos y en los más pobres; en el norte y el occidente, también en el centro, el sur, el Golfo y el sureste; en los más densamente urbanos, como Nuevo León, y en los de población más dispersa, como Oaxaca o Chiapas. No todo son venganzas de pandilleros, no todo es la guerra contra el narco, pero hay algo que sí es general en la lógica, porque hay un momento de quiebre indudable en 2008. Es una de las cosas que hay que explicar.[2]

No es normal que en un país los homicidios se dupliquen en dos años. No es normal. Tampoco lo es que la tendencia no se detuviera, sino que se profundizara con el paso de los años.

Para 2011, 19 de las 50 ciudades más violentas del mundo —medidas por tasa de homicidios— estaban en México.

Analizados en bruto, los números son escalofriantes. Pero cuando damos un paso adelante y nos atrevemos a segmentar —a dividir, a separar— el panorama se vuelve mucho peor. Miremos.

Entre 2005 y 2011 se contabilizaron más de 100 000 víctimas de homicidio. El 90% eran hombres. Y, si se afina el foco, la imagen es aún más cruda: el 22% tenía entre 18 y 25 años, el 42% entre 26 y 40. Eran jóvenes. O adultos jóvenes. Estaban en edad productiva.

El análisis que en su momento realizaron José Merino, Jessica Zarkin y Eduardo Fierro sobre los "marcados para morir" revela una cifra brutal: entre 2007 y 2011, la tasa de homicidios de hombres entre 18 y 25 años pasó de 18 a 60 por cada 100 000 habitantes. Se triplicó en cuatro años.[3]

Ese grupo —jóvenes varones en edad de transición al mundo adulto— concentra, en México y en buena parte de América Latina, la porción más desproporcionada de la violencia letal. Son el blanco recurrente del plomo.

---

[2] Fernando Escalante Gonzalbo, "Homicidios 2008-2009. La muerte tiene permiso", *Nexos*, enero de 2011.

[3] José Merino, Jessica Zarkin y Eduardo Fierro, "Marcado para morir", *Nexos*, julio de 2013.

En 2011, la tasa nacional de homicidios fue de 25 por cada 100 000 habitantes. Pero entre los hombres de 18 a 25 años que no habían terminado la primaria la tasa fue de 336.[4] Una cifra fuera de toda proporción, de cualquier rango imaginable. Como contraste, ese mismo año, la tasa de homicidios entre mujeres con título universitario fue de apenas 3.2.

Los datos trazan un patrón demasiado nítido para ser ignorado. La violencia no fue pareja, ni ciega, ni aleatoria. Tuvo rostro de hombre joven, cuerpo sin escolaridad, biografía marcada por la exclusión. Murieron los de siempre, pero en cantidades mayores.

Y no solo murieron jóvenes. También cayeron quienes ocupaban un cargo público. El plomo no respetó jerarquías. Entre 2007 y 2014 fueron asesinados 82 alcaldes, 64 funcionarios municipales y 13 candidatos.[5] La violencia tocó las estructuras más básicas del Estado.

Todo eso obliga a una pregunta que atraviesa la última década: ¿cuál fue el detonante? ¿Por qué, si las condiciones estructurales venían de antes, el estallido se concentró en tan pocos años? Quienes han intentado responder a estas preguntas coinciden en algo: no hay una sola variable capaz de explicarlo todo.[6] Pero algunas ayudan más que otras para iluminar el momento turbio.

Los operativos de Felipe Calderón

Una de ellas —ineludible— son los operativos lanzados por el gobierno de Felipe Calderón. Explican, al menos en parte, el repunte de la violencia homicida de aquellos años. Hagamos memoria.

---

[4] Merino, Zarkin y Fierro, "Marcado para morir".

[5] Guillermo Trejo y Sandra Ley, "Municipios bajo fuego (1995-2014)", *Nexos*, febrero de 2015.

[6] Varios trabajos han intentado responder a esta cuestión; destaco entre ellos: Raúl Zepeda Gil, "Siete tesis explicativas sobre el aumento de la violencia en México", *Política y Gobierno* 25, núm. 1 (2017): 185-211; Alejandro Hope, "Violencia 2007-2011. La tormenta perfecta", *Nexos*, noviembre de 2013.

Decir "los operativos" es la forma corta —y cómoda— de nombrar uno de los ejes más polémicos de lo que entonces se presentó como la Estrategia Nacional de Prevención del Delito y Combate a la Delincuencia. En los hechos, implicaron el desplazamiento masivo de recursos humanos y materiales de las fuerzas federales hacia regiones supuestamente desbordadas por el crimen. Ahí llegaron —con mayor o menor coordinación— elementos de la Policía Federal Preventiva (PFP), la Agencia Federal de Investigaciones (AFI), la Procuraduría General de la República (PGR) y, por supuesto, soldados y marinos.[7]

Los operativos de Calderón no fueron el primer despliegue de fuerzas federales contra grupos vinculados al narcotráfico. Basta una visita breve a la hemeroteca para encontrar antecedentes. A finales de los años setenta, la Operación Cóndor movilizó a miles de soldados para tareas de erradicación en la zona conocida como el "Triángulo Dorado": Sinaloa, Durango y Chihuahua. Desde entonces —sin excepción— cada presidente de la República ha recurrido a las Fuerzas Armadas para enfrentar el narcotráfico. Lo que distingue a Calderón no es la decisión de militarizar, sino la escala del operativo. Su amplitud. Su intensidad.

En diciembre de 2006, a solicitud del gobernador Lázaro Cárdenas Batel, tuvo lugar el primer despliegue de tropas federales en Michoacán de la era Calderón. Fue el inicio formal. Entre 2007 y 2008, la estrategia militar se expandió a otras seis regiones. Destacaron seis operativos: Baja California, Chihuahua, Culiacán-Navolato, Sierra Madre, Nuevo León-Tamaulipas y Guerrero. En los momentos más intensos, llegaron a concentrarse hasta 45 000 elementos —rotados cada 40 días— en estos frentes.[8]

[7] Entre 2007 y 2012 se llevaron a cabo operativos conjuntos en 16 estados del país. La lista es larga: Michoacán, Baja California, Guerrero, Chihuahua, Durango, Sinaloa, Nuevo León, Tamaulipas, Chiapas, Campeche, Tabasco, Quintana Roo, Aguascalientes, Coahuila, Veracruz y San Luis Potosí.

[8] Carlos J. Vilalta, "Anomia institucional, espacialidad y temporalidad en las muertes asociadas a la lucha contra la delincuencia organizada en México", *Mexican Studies/Estudios Mexicanos* 29, núm. 1 (2013): 285.

No es un descubrimiento nuevo: las zonas intervenidas por los operativos federales fueron también las más violentas. La correlación ha sido documentada hasta el cansancio.

La entrada de Fuerzas Armadas alteró el equilibrio previo. Las organizaciones criminales se volvieron más agresivas, más inestables. Ya no solo competían entre sí, ahora también enfrentaban al Estado. La violencia no fue un efecto secundario, sino el resultado de una ruptura. De ahí en adelante, solo hubo escalada.

Es —otra vez— Fernando Escalante quien primero y mejor analiza el fenómeno. A partir de informes de prensa y comunicados de la Secretaría de la Defensa Nacional (Sedena), muestra algo que nadie en el gobierno quiso ver: la relación directa entre el patrullaje militar y el incremento en los homicidios.

El hallazgo es incómodo. Donde patrulla el Ejército, aumenta la confrontación. Donde entra el Estado armado, sube la violencia letal.[9] La causalidad parece obvia; el mecanismo, no tanto. ¿Qué exactamente detona la violencia cuando entra el Ejército? En un intento por medir el tamaño del daño, José Merino planteó un contrafactual: ¿qué habría pasado si los operativos no hubieran ocurrido? Su estimación es contundente: entre 2008 y 2009, el país habría registrado 7 000 homicidios menos.[10] De ese tamaño la tragedia. De ese tamaño la irresponsabilidad.

A pesar de que el vínculo causal entre los operativos y el aumento en los homicidios era evidente, durante años se justificaron. Peor aún: se celebraron.

---

[9] Para corroborar el argumento, véanse los trabajos estadísticos de Mario Morales Gómez, "'La lucha por la seguridad en México'. Operativos, homicidios y crimen organizado entre 2007 y 2010" (tesis de maestría, El Colegio de México, 2012); Javier Osorio, "The Contagion of Drug Violence: Spatiotemporal Dynamics of the Mexican War on Drugs", *Journal of Conflict Resolution* 59, núm. 8 (2015): 1403-1432.

[10] José Merino, "Los operativos conjuntos y la tasa de homicidios: una medición", *Nexos*, junio de 2011.

La narrativa oficial fue rápida en ofrecer una coartada. Se dijo que el alza en la violencia respondía a un reacomodo interno en las organizaciones criminales, provocado por la presión de las fuerzas federales. La captura de líderes generaba vacíos, y esos vacíos —se aseguraba— desataban disputas internas, venganzas, rupturas. A esa dinámica se le dio un nombre técnico: "rivalidad delincuencial". Un concepto tan amplio que terminó por explicar cualquier cosa.

No debíamos preocuparnos demasiado —nos decían— porque era una violencia entre ellos, ajena a la sociedad. Criminales matando a criminales. Algún día terminarían de matarse entre sí y desaparecerían. La violencia, por tanto, era transitoria, no estructural. Y más aún: su existencia era leída como señal de éxito.

Lo cierto es que, entre 2007 y 2010, los homicidios en México se triplicaron. Pasamos de poco menos de 9000 asesinatos en 2007 a casi 26000 en 2010. En estados como Chihuahua, el incremento fue de 11 veces.

Y, aun así, a principios de 2010, uno de los asesores estrella del presidente Calderón defendía los operativos y usaba sin pudor la palabra "progreso" para describir la escalada de violencia.[11] La guerra —se decía— se estaba ganando.

La detención de capos (*kingpin strategy*)

Los operativos federales tenían múltiples objetivos, pero uno destacaba por encima del resto: la captura de los líderes de los grupos que traficaban droga.

Esa estrategia —conocida en inglés como *kingpin strategy*— merece un tratamiento aparte. Aunque se intensificó durante el gobierno de Calderón, no se limita a sus operativos ni termina con su sexenio. Es un patrón más amplio, más persistente. Se ejecutó

[11] Joaquín Villalobos, "Doce mitos de la guerra contra el narco", *Nexos*, enero de 2010.

antes y después de 2007, incluso en territorios donde no hubo despliegues militares a gran escala. Más que una táctica coyuntural, se convirtió en la constante de la guerra contra las drogas.

La *kingpin strategy* fue concebida como una "maniobra para debilitar, desmantelar y destruir grandes organizaciones de narcotraficantes".[12] Fue bautizada sin demasiada reflexión sobre los costos humanos o logísticos que implicaba. Diseñada por la DEA (Drug Enforcement Administration) en los años noventa, fue exportada a América Latina casi de inmediato, sin adaptaciones ni advertencias.[13]

La lógica era sencilla —y profundamente equivocada—: si se eliminaba a los jefes, las estructuras caerían. El liderazgo criminal era visto como el corazón de la violencia y del tráfico. Cortar la cabeza bastaría. El mercado se descompondría. La oferta de drogas se reduciría. La realidad mexicana demostró, sin embargo, que esas premisas no solo eran falsas, sino peligrosamente contraproducentes.

A partir de 2007, la eliminación, captura o inmovilización de los principales líderes del narcotráfico se convirtieron en política de Estado. Una vez fuera del circuito criminal, la violencia cedería.

Bajo esa premisa, se celebró como un triunfo histórico que entre 2007 y 2012 fueran capturados o abatidos 23 de los 27 capos más buscados del país. Lo que no se celebró —ni se previó— fueron las consecuencias.[14]

La promesa no se cumplió. La violencia no bajó. Y, aunque cada ciudad tuvo su lógica, su secuencia y su ritmo propios, el patrón fue casi invariable: la captura o eliminación de los capos detonó más violencia, no menos. Cada jefe abatido abrió la puerta a una lucha por el control de cada organización. Cada vacío desató nuevas disputas. Lo que se presentó como una solución estratégica terminó alimentando el caos.

---

[12] Robert Bonner, "The Kingpin Strategy: Did It Work and Is It Still Relevant?", DEA Musem & Visitors Center, 12 de septiembre de 2012.

[13] Al tema dediqué un capítulo entero en *Cien años de espías y drogas. La historia de los agentes antinarcóticos de Estados Unidos en México* (Ciudad de México: Debate, 2022).

[14] Hope, "Violencia 2007-2011. La tormenta perfecta".

La evidencia empírica no tardó en acumularse. En distintos rincones del país, los efectos de la *kingpin strategy* eran visibles: cada arresto de alto perfil era seguido por una ola de sangre. Las cifras lo dejaban claro.

En Culiacán, por ejemplo, el pico de homicidios en mayo de 2008 tuvo como antecedente la detención de Alfredo Beltrán Leyva, el Mochomo, en enero de ese año. En Tijuana, la captura de Eduardo Arellano Félix, en octubre de 2008, detonó una espiral de violencia: la ciudad pasó de promediar 16 asesinatos mensuales a alcanzar picos de hasta 200 hacia el final de ese año terrible.

A veces el efecto no era inmediato, pero acababa por estallar. El pico de violencia en Ciudad Juárez, en el otoño de 2010, fue precedido por la detención de Vicente Carrillo unos meses antes. El asesinato —televisado y celebrado— de Arturo Beltrán Leyva en diciembre de 2009 en Cuernavaca tuvo como corolario una ola brutal de ejecuciones durante todo el año siguiente en Mazatlán, uno de sus principales bastiones. Guadalajara y su zona metropolitana siguieron el mismo guion: a la captura de Juan Nava Valencia, en mayo de 2010, le siguió un incremento sostenido en los homicidios.

La misma secuencia se repitió en Acapulco, Boca del Río, Monterrey, Torreón y un largo etcétera.[15] La lista es tan extensa como ciudades tiene el país. Casi no hubo excepción: donde cayó un capo, floreció una guerra.[16]

¿Qué es lo verdaderamente relevante de estos casos? Que buena parte de los homicidios no obedecieron a ajustes de cuentas tradicionales entre criminales. No fueron *vendettas* entre células rivales ni ejecuciones dictadas desde la lógica interna del narcotráfico. Fueron, más bien, efectos inducidos por la acción estatal: fue la

[15] Los casos los estudió con detenimiento Eduardo Guerrero: "Epidemias de violencia", *Nexos*, julio de 2012.

[16] La captura de Ismael *el Mayo* Zambada en 2024 confirmó el patrón. Apenas semanas después de su detención, se registraron picos de violencia en distintas zonas de Sinaloa y el noroeste del país, acompañados de disputas internas dentro del Cártel de Sinaloa y la aparición de nuevos grupos armados.

captura o abatimiento de capos lo que activó dinámicas de violencia letal.

Eduardo Guerrero lo ha explicado con claridad.[17] La caída de un líder criminal suele detonar disputas sucesorias entre los subalternos, desatar represalias internas contra quienes son señalados como delatores y provocar ataques de organizaciones rivales que ven en la debilidad del adversario una oportunidad para expandirse. Es falso que el resultado sea la contención de la violencia. La evidencia nos muestra lo contrario: la violencia se multiplica. La *kingpin strategy* modifica expectativas y hace que arreglos informales que estabilizan regiones enteras se rompan de un momento a otro.

La estrategia de captura de capos no solo produce caos inmediato. A mediano y largo plazo, desestructura a las organizaciones criminales desde dentro.[18] Las vuelve inestables, erráticas. Desprofesionaliza sus liderazgos. Los jefes que hasta entonces habían mantenido cierto control sobre sus subordinados —acotando excesos, regulando disputas— son reemplazados por jóvenes más impulsivos, más crueles, más violentos. Menos racionales. Más proclives a convertir cualquier desacuerdo en masacre.

Dureza de los decomisos marítimos y aéreos

Hay una tercera acción gubernamental —además de los operativos federales y la captura de capos— que pudo haber contribuido de forma decisiva al aumento de la violencia homicida. Una serie de reformas y políticas que fortalecieron la capacidad del gobierno federal para intensificar sus esfuerzos de interceptación y decomiso de narcóticos.

---

[17] Guerrero, "Epidemias de violencia".

[18] Aunque los efectos pueden durar años, la mayor parte de los efectos están concentrados en los seis meses siguientes a la captura del capo. Véase Gabriela Calderón *et al.*, "The Beheading of Criminal Organizations and the Dynamics of Violence in Mexico", *The Journal of Conflict Resolution* 59, núm. 8 (2015): 1455-1485.

En uno de sus ensayos más lúcidos, Alejandro Hope identificó dos medidas clave.[19] Ambas reforzaron la presencia del Estado no para garantizar la seguridad, sino para obstaculizar el flujo de drogas ilegales. Lo que se interrumpió no fue el negocio, sino su equilibrio.

La primera medida fue una mejora sustantiva en los sistemas de detección marítima, particularmente en puertos clave por donde ingresaban cargamentos provenientes de Colombia. Esto obligó a los traficantes a reorientar sus rutas hacia terminales tradicionalmente "limpias" —o casi limpias— de sustancias ilegales, con lo que se alteraron de manera abrupta los corredores logísticos del narcotráfico.

La segunda acción fue aún más disruptiva. El gobierno federal impuso la obligación a todas las aeronaves provenientes de América Latina de aterrizar primero en Cozumel o Tapachula, antes de continuar su trayecto hacia otras zonas del país. En esa escala intermedia, las aeronaves debían someterse a procesos de inspección. El objetivo no era otro que achicar el margen de maniobra y aumentar la presión sobre los flujos criminales.

El "blindaje" —ese era el término de moda— de los aeropuertos en Cozumel y Tapachula, y la imposibilidad de volar directamente a los centros de distribución de droga en México, obligó a modificar las rutas del tráfico de cocaína. Las avionetas comenzaron a hacer escala en Guatemala u otros países de Centroamérica antes de reingresar al país.

Ese desvío tuvo un efecto inmediato: alargó las rutas terrestres dentro de México y multiplicó los puntos de riesgo. Aumentó así también la necesidad de control territorial. Las organizaciones criminales que antes operaban a nivel local o regional se vieron obligadas a extender su presencia, a desplegar recursos, brazos armados y redes de complicidad a lo largo del país. En pocas palabras: se nacionalizaron.

Para mayo 2008, el propio subsecretario de Seguridad Pública, Patricio Patiño, reconocía las consecuencias del "blindaje" aero-

---

[19] Hope, "Violencia 2007-2011. La tormenta perfecta".

portuario: su implementación había forzado la apertura de al menos 350 brechas terrestres a lo largo de la frontera sur del país. No hablaba en clave técnica, sino en tono de advertencia: "Ahora el narcotráfico es terrestre, es una vía que se estará potencializando por los cárteles de una manera extraordinaria, a partir de todos sus puntos".[20]

No se equivocaba. Las nuevas rutas —más largas, más inestables, más expuestas— aceleraron la reconfiguración del tráfico de drogas en México. Y una de sus consecuencias más inmediatas fue la expansión geográfica de la violencia homicida. El mapa del crimen dejó de ser regional para convertirse en nacional.

Por supuesto, el rediseño de las rutas no fue el único factor que alteró la lógica del crimen. En paralelo a los cambios geográficos, se transformaron también los incentivos económicos. El negocio dejó de ser el mismo. Es ahí donde entra otro proceso fundamental para explicar el ascenso de la violencia: los cambios en el mercado de la droga.

Cambios en el mercado de la droga

México es parte del mercado global de drogas. Lo ha sido por más de un siglo y lo sigue siendo hoy. Nada de lo que ocurre fuera —en precios, flujos, consumo o represión— le es ajeno.

Dicho de otro modo: los vaivenes del mercado internacional de narcóticos tienen efectos inmediatos sobre el territorio mexicano. Lo condicionan, lo reconfiguran, lo sacuden.

En 1972, el desmantelamiento de la llamada "conexión francesa" —el triángulo de tráfico de amapola que salía de Turquía, se procesaba en Marsella y llegaba a las calles de Nueva York como heroína— provocó un efecto inmediato: en cuestión de meses, se disparó la producción de amapola en México.

[20] Carlos Marí, "Detectan reorientación de rutas de los cárteles", *Reforma*, 30 de mayo de 2008.

La analogía clásica del *balloon effect* —ese globo que al ser presionado en un punto se infla en otro— ayuda a ilustrar lo ocurrido.[21] Lo que desapareció en Europa reapareció, con fuerza, en las sierras mexicanas.

Las alteraciones en el mercado global tuvieron impactos inmediatos y cuantificables. Según datos de la DEA, entre el último trimestre de 2006 y el mismo periodo de 2008, el precio al menudeo de la cocaína en Estados Unidos se disparó 120%. En apenas dos años, el gramo de la —entonces— droga ilegal más lucrativa del mercado pasó de 90 a 198 dólares.[22] El doble de ganancias en la misma bolsa. La ecuación era irresistible.

¿Qué explica ese aumento vertiginoso en los precios? Todo apunta en una misma dirección: Colombia. En particular, al éxito de la política antinarcóticos de Álvaro Uribe, que durante esos años logró cifras récord de incautaciones de cocaína.[23]

En un mercado poco elástico como el de la cocaína —donde la demanda no se reduce fácilmente ante un alza de precios— menos polvo en circulación se tradujo en más dólares por gramo. La escasez, como siempre, fue rentable.

Esa reducción de la oferta no solo elevó los precios de la droga en Estados Unidos: también encendió una disputa feroz por la renta criminal. Más ganancia, menos producto, mismos actores.

Varios trabajos académicos han sugerido esta relación. Destaca el de Daniel Mejía y Juan Camilo Castillo, quienes encontraron —o al menos intentaron demostrar— una correlación estadística robusta entre las incautaciones de cocaína en Colombia y el

---

[21] Véase Juan Sebastián Moreno Pabón, "El efecto globo: identificación de regiones propensas a la producción de coca", Serie Documentos CEDE núm. 28, Universidad de los Andes, junio de 2018.

[22] DEA, "2010 National Drug Threat Assessment", 2010, 28.

[23] Las confiscaciones crecieron de 124 toneladas métricas en 2006 a 203 toneladas métricas en 2009, un incremento de 63.7%. Véase Juan Camilo Castillo, Daniel Mejía y Pascual Restrepo, "Scarcity without Leviathan: The Violent Effects of Cocaine Supply Shortages in the Mexican Drug War", *The Review of Economics and Statistics* 102, núm. 2 (2020): 269-286.

incremento de homicidios en México durante el periodo 2007-2010. Menos cocaína en Colombia, más cadáveres en México.[24] Más allá del caso mexicano, lo que Mejía y Castillo pusieron sobre la mesa fue una tesis poco estudiada en México: las variables exógenas importan. Colombia, al endurecer su política de decomisos, no resolvió el problema: lo desplazó. Parte del negocio migró al norte.

El efecto globo existía y era medible. ¿Basta para explicar la escalada de violencia en México? Difícilmente. Pero ignorarlo sería, también, una forma de ceguera.

Redes preexistentes

La violencia homicida explota después de 2007, pero sería un error pensar que México no tenía ya un problema criminal incubado. Lo tenía, y de largo aliento. Antes de que Felipe Calderón se pusiera el saco militar, algo ya se estaba gestando. Las semillas del conflicto estaban sembradas.

Gracias a un ejercicio pionero de minería digital, Viridiana Ríos logró trazar el mapa de esa expansión incipiente. Usando un algoritmo que procesaba noticias indexadas en Google, documentó que ya en 2003 dos organizaciones —el Cártel del Golfo y el de Sinaloa— comenzaron un proceso sistemático de colonización territorial. En ese año, ambas agrupaciones —y sus respectivas escisiones— operaban en apenas 50 municipios. Para 2006, la cifra había escalado a 276.[25] El conflicto no estalló de la noche a la mañana. La guerra se venía fraguando desde antes.

La discusión pública suele olvidarlo, pero el primer gran despliegue federal no fue obra de Calderón, sino de su antecesor. Se llamó "México Seguro" y fue implementado en 2005 durante la presidencia de Vicente Fox. A esas alturas, ya había dos frentes

[24] Castillo, Mejía y Restrepo, "Scarcity without Leviathan".

[25] Viridiana Ríos, "Who Started the Mexican Drug War?", *The Harvard Kennedy School Review* 13 (2013): 21.

encendidos: el enfrentamiento entre los grupos del Pacífico y Juárez, y la guerra en Nuevo Laredo entre el Cártel del Golfo y el Cártel de Sinaloa. Las organizaciones criminales no solo se enfrentaban: también se expandían, se diversificaban y ensayaban nuevas formas de violencia.

Que los grupos criminales ya operaban con intensidad antes de 2007 es un hecho documentado. Que la lógica de diversificación y control territorial venía en marcha desde principios del milenio también. A veces este dato se olvida —o se omite— cuando se culpa a Felipe Calderón de haber desatado el desastre. Y, sin embargo, si todo eso era cierto desde antes, ¿por qué el estallido ocurre cuando ocurre? El factor desencadenante —el disparo inicial— hay que buscarlo en otro lugar.

Aumento de exconvictos deportados de Estados Unidos a México

Este es un punto incómodo. Parte de premisas débiles y ha sido usado, no pocas veces, de forma oportunista. Aun así, conviene ponerlo sobre la mesa. Entre 2008 y 2011, el número de exconvictos repatriados de Estados Unidos a México prácticamente se duplicó: pasó de 77 500 a más de 145 000 personas, un incremento del 99%.[26] Esa es la cifra. No hay debate posible. Son datos oficiales, no conjeturas.

Lo que sí está en disputa —y con razón— son las consecuencias de ese aumento. No hay evidencia concluyente sobre el efecto directo de estas repatriaciones en la violencia homicida.[27] La mayoría de

[26] Los datos pueden revisarse en Office of Immigration Statistics, *2013 Yearbook of Immigration Statistics* (Washington D. C.: Department of Homeland Security, 2014), 111.

[27] Para una discusión sobre el tema, recomiendo el siguiente artículo: David Rocha Romero y Martin C. Martínez Vera, "Exconvictos deportados, violencia y cooperación transfronteriza entre México y Estados Unidos", *CONfines* 12, núm. 23 (2016): 63-83.

los deportados fueron abandonados en ciudades fronterizas sin ninguna estrategia de reintegración. Algunos traían consigo redes criminales; otros, solo el estigma. Lo que hay son trazos. Pero incluso esos trazos bastan para sospechar que el regreso masivo de hombres con experiencia carcelaria, sin trabajo, sin familia y sin futuro pudo haber contribuido a la espiral de violencia.

Para empezar, la teoría ignora un hecho básico: en el sistema penal estadounidense, cruzar la frontera ilegalmente más de una vez es un delito federal. Así, una porción considerable de los llamados "exconvictos" son migrantes cuyo único crimen fue intentar, más de una vez, buscar una vida mejor. Reingresar a Estados Unidos no convierte a nadie en potencial homicida. Tampoco sabemos con precisión quiénes eran, cómo vivían ni qué hicieron al regresar. No hay un perfil único. No hay una base empírica que respalde la afirmación de que los deportados fueron responsables del aumento de la violencia homicida. Y, sin embargo, esa fue —y sigue siendo— una tesis cómoda para justificar la incapacidad institucional, repetida por políticos y mandos policiacos, sobre todo en el norte del país. Como ironía final, varios de sus defensores terminaron tras las rejas. No por migrar. Por corruptos.[28]

Dicho eso, no deja de ser cierto que los exconvictos deportados a México enfrentan condiciones durísimas. No hubo programas serios de integración, ni oportunidades laborales estables, ni redes de apoyo. Y también es cierto que una parte —nada menor— purgó condenas por delitos graves. ¿Reincidieron? ¿Se sumaron a las filas del crimen organizado en expansión? No lo sabemos. Lo que sí sabemos es que el tema permanece mal investigado, peor atendido. Es una caja negra de la que todos hablan, pero pocos han abierto. Una hipótesis cómoda, pero jamás demostrada.

---

[28] El mejor ejemplo es el del exgobernador César Duarte. Para una síntesis de su posición, véase Ana Langner, "Advierten sobre violencia y delitos por repatriación de exconvictos a Chihuahua", *El Economista*, 11 de enero de 2015.

Competencia política

Otra hipótesis relevante —y empíricamente bien sostenida— apunta a la política.

Más específicamente, a los efectos colaterales de la alternancia democrática. Según Sandra Ley y Guillermo Trejo, el tránsito hacia la democracia no solo transformó las reglas del juego político, sino también las del crimen. El ascenso de nuevos partidos al poder municipal y estatal rompió redes de complicidad que, por décadas, habían dado cierta estabilidad —precaria, autoritaria, corrupta, pero estabilidad al fin— a las relaciones entre gobiernos y grupos criminales.

Durante décadas, el poder local había operado bajo una lógica de mando unificado. Un solo partido, una sola cadena de control. Con la alternancia, ese sistema se resquebrajó. Los actores criminales ya no sabían con quién negociar. Las líneas de mando se diluyeron y los pactos se volvieron inciertos. La competencia política trajo consigo fragmentación institucional. Y la fragmentación trajo violencia.

Trejo y Ley no lo dicen en estos términos, pero su tesis puede resumirse a esta frase: la democracia mexicana parió una violencia que no supo prever.[29] La lógica electoral debilitó los incentivos de coordinación entre niveles de gobierno, convirtió a los municipios en premios de guerra y amplificó los riesgos de traición, ruptura y venganza.

Ahora bien, la teoría carga con un problema de calendario. Si la alternancia comenzó en 2000, ¿por qué el estallido ocurrió hasta 2007? ¿Por qué no antes, cuando el PRI perdió la presidencia o cuando los primeros bastiones estatales cayeron en manos de la oposición? Esa es, hasta ahora, la pregunta sin respuesta. Aun así, se trata de una de las explicaciones con mayor respaldo empírico. Quizá no explique el disparo inicial, pero sí ayuda a entender por qué, una vez rota la estabilidad criminal, la violencia se volvió estructural.

---

[29] Guillermo Trejo y Sandra Ley, *Votes, Drugs, and Violence: The Political Logic of Criminal Wars in Mexico* (Nueva York: Cambridge University Press, 2020).

La crisis del orden local

Otra explicación de orden estructural apunta al colapso del orden local. En buena medida, es una hipótesis que se complementa con la teoría de la competencia política: ambas señalan la disolución de un marco de control institucional que, con todos sus vicios, ofrecía cierto equilibrio. La fragmentación del poder político debilitó los canales de coordinación entre los distintos niveles de gobierno. Esa dislocación se manifestó con especial crudeza en las policías municipales.

Durante décadas, estas policías cumplieron —con o sin legitimidad— una función clave: ordenar la ilegalidad. A diferencia del Ejército, que suele desconocer el terreno y operar con lógica militar, la policía local mantenía un diálogo cotidiano —no siempre legal, pero sí eficaz— con actores al margen de la ley. En muchos municipios, su papel no era tanto el de erradicar los mercados ilegales como el de administrarlos. En la medida en que ese diálogo funcionaba, la violencia se contenía. Un día dejó de hacerlo.

La debilidad institucional permitió que las policías fueran capturadas por intereses criminales o, en el mejor de los casos, se volvieran irrelevantes. Es la manifestación más frágil del Estado mexicano. Su colapso tuvo consecuencias devastadoras: los pactos tácitos se rompieron, los equilibrios se esfumaron y, con ello, la violencia dejó de estar regulada.

La evidencia es brutal. Entre 1995 y 2014, el 83% de los ataques registrados en contra de autoridades del Estado fueron dirigidos a funcionarios municipales.[30] No solo eran las autoridades más cercanas: eran también las más vulnerables. Las más solas.

Ahora bien, esta hipótesis también carga con un problema cronológico. La debilidad de las policías no nació en 2007. Tampoco en 2000. La fragilidad del orden municipal lleva décadas. Ya en los años setenta era posible documentar cuerpos policiales infiltrados, corruptos o coludidos. ¿Qué cambió entonces? ¿Por qué el estallido no ocurrió antes? La pregunta persiste.

---

[30] Trejo y Ley, "Municipios bajo fuego (1995-2014)".

Lo que parece claro es que, sin policías capaces de organizar la ilegalidad, sin interlocutores territoriales reconocidos, sin una estructura institucional que administre la violencia, el terreno quedó abierto para la anarquía armada. La crisis del orden local no es toda la explicación, pero sin ella no hay forma de entender el derrumbe.

Equilibrio perverso: alta criminalidad y poca eficacia estatal

Delinquir, extorsionar, matar: todo empezó a volverse fácil. Demasiado fácil. En algún punto —difuso, imposible de fechar con precisión— los grupos criminales rebasaron las capacidades del Estado para castigar sus actos. O, mejor dicho, percibieron que el Estado ya no podía hacerlo. Y eso bastó. En el imaginario criminal, habían ganado. Y ganar en la imaginación es, casi siempre, aplastar en la realidad.

Para entender la lógica detrás de ese quiebre, vale la pena recuperar el trabajo de Gary Becker, economista de la Universidad de Chicago y ganador del Premio Nobel en 1992. Becker fue uno de los primeros en aplicar modelos económicos al análisis de la delincuencia. Según su enfoque, delinquir es una decisión racional. Un cálculo. Se sopesan riesgos, beneficios y probabilidades: ¿cuánto puedo obtener?, ¿cuál es la probabilidad de ser atrapado?, y, si me atrapan, ¿qué castigo recibiré? Si las ganancias son altas, la probabilidad de ser detenido es baja y el castigo es leve, entonces el incentivo para actuar es claro.[31] Es teoría, sí, pero también sentido común.

Lo central, sin embargo, no es solo lo que objetivamente ocurre, sino lo que se percibe.[32] La disuasión funciona en tanto los delincuentes crean que existe una amenaza creíble de castigo. Cuando

[31] Gary S. Becker, "Crime and Punishment: An Economic Approach", en *Essays in the Economics of Crime and Punishment*, ed. Gary S. Becker y William M. Landes (Nueva York: NBER, 1974), 1-54.

[32] Mark Kleiman, "Enforcement Swamping: A Positive-Feedback Mechanism in Rates of Illicit Activity", *Mathematical and Computer Modelling* 17, núm. 2 (1993): 65-75.

esa percepción se diluye —cuando se asienta la idea de que matar sale barato y que la posibilidad de ser detenido es mínima—, la violencia se propaga. Se contagia. Eso fue exactamente lo que pasó. Se difundió la idea de que el crimen pagaba. No solo eso: el castigo era improbable, casi imposible.

Aquí la teoría de Gary Becker se encuentra con una intuición clave de Malcolm Gladwell. En *The Tipping Point*, Gladwell sostiene que los fenómenos sociales —como el crimen— no crecen de manera lineal, sino que se disparan al alcanzar un punto de inflexión.[33] Un umbral invisible a partir del cual una tendencia se acelera y se multiplica. Así ocurrió en Nueva York, donde pequeños cambios en la vigilancia del metro y el grafiti produjeron, en su lectura, una transformación generalizada en la conducta social. Lo mismo, pero en sentido inverso, puede aplicarse al caso mexicano: cuando se superó cierto umbral —cuando matar dejó de tener consecuencias— la violencia se volvió endémica. El crimen no solo aumentó; se normalizó.

A partir de ahí, el ciclo se alimentó solo. Más crímenes generaron más saturación institucional. Más saturación institucional provocó aún menos capacidad de respuesta. La brecha entre el éxito criminal y la lentitud del aparato de justicia se convirtió en abismo. El resultado fue un sistema invertido: cuanto más se delinquía, más claro quedaba que las consecuencias eran nulas.

Marcelo Bergman lo resumió mejor que nadie: "se creó un equilibrio perverso de alta criminalidad y poca eficacia estatal".[34] Más de tres lustros después, seguimos atrapados ahí. Sin una salida clara. Sin un nuevo equilibrio a la vista.

---

[33] Malcolm Gladwell, *The Tipping Point: How Little Things Can Make a Big Difference* (Nueva York: Back Bay Books, 2002).

[34] Marcelo Bergman, *El negocio del crimen. El crecimiento del delito, los mercados ilegales y la violencia en América Latina* (Buenos Aires: Fondo de Cultura Económica, 2023), 16.

Otras explicaciones socioeconómicas de largo alcance

Nada de lo dicho hasta aquí tendría sentido sin reconocer el trasfondo social sobre el que se despliega la violencia. Como hoy, a principios del siglo XXI México arrastraba una herencia estructural de pobreza, desigualdad y exclusión. La tentación de encontrar en ese escenario una causa profunda del crimen y la violencia no es menor.[35]

En uno de sus textos más conocidos, el criminólogo Carlos Vilalta recurre a la teoría de la anomía institucional para explicar la aceleración de los homicidios.[36] ¿Qué es una sociedad anómica? Aquella en la que el éxito económico se convierte en fin último, pero donde no existen controles sociales eficaces para regular los medios. En esos contextos, sostiene Vilalta, la presión por obtener dinero a cualquier costo se vuelve tan fuerte como la debilidad de las normas que deberían contenerla. Cuando se rompen los lazos comunitarios, cuando se desintegra el entorno familiar y cuando las instituciones no monetarias pierden autoridad, delinquir deja de ser una aberración: se convierte en una estrategia racional. El crimen, entonces, es menos un acto antisocial que un síntoma del colapso institucional.

A principios de este siglo, México mostraba señales claras de anomía institucional. Tenía un Estado de derecho frágil, normas debilitadas, una obsesión creciente por el éxito material y niveles alarmantes de desigualdad. ¿Puede ese diagnóstico explicar la violencia? En parte sí. Al menos ayuda a entender por qué ciertas zonas del país se convirtieron en terreno fértil para el crimen. Pero no basta. No explica por qué el estallido ocurre en 2007 y no antes. El contexto estructural se deterioraba desde décadas atrás, pero el punto de quiebre fue repentino.

---

[35] Una discusión sobre la relación entre crimen y economía puede leerse en Luis David Ramírez de Garay, "Crimen y economía: una revisión crítica de las explicaciones económicas del crimen", *Argumentos* 27, núm. 74 (2014): 261-290.

[36] Vilalta, "Anomia institucional, espacialidad y temporalidad".

Eso no niega, sin embargo, la utilidad de las variables socioeconómicas como indicadores de riesgo. Algunas investigaciones han demostrado que los municipios con mayor desigualdad fueron también los que registraron el mayor incremento de homicidios. Un estudio a escala municipal encontró que un aumento de un punto en el coeficiente de Gini entre 2007 y 2010 estuvo asociado a un incremento de más del 36% en homicidios violentos.[37] Es un dato potente.

Pero las correlaciones no siempre son lineales. No son mecánicas. Sabemos, por ejemplo, que muchos de los municipios más pobres de México son también de los más seguros. Sabemos también que, en América Latina, los incrementos en el desarrollo económico han estado a menudo asociados a más —no menos— crimen.[38] La relación entre pobreza y violencia es, como tantas cosas en esta historia, más compleja de lo que parece.

En resumen: dos cosas son ciertas aunque parezcan contradictorias. Por un lado, la violencia homicida no puede entenderse sin el desgaste social acumulado durante décadas: desigualdad, migración interna, ruptura del tejido comunitario. Por otro lado, ninguna de esas variables cambió de forma abrupta entre 2007 y 2010. Ninguna alcanzó por sí sola un umbral que justificara el estallido. El terreno ya estaba abonado. Pero alguien —o algo— sembró la violencia.

La violencia vino del Norte

La violencia homicida que devastó a México a partir de 2007 no fue producto del azar ni de una fatalidad histórica. No fue, como se dijo durante años, una "tormenta perfecta": inevitable, imprevisible, ajena a toda responsabilidad. Fue, más bien, una tormenta

[37] Ted Enamorado *et al.*, "Income Inequality and Violent Crime: Evidence from Mexico's Drug War", *Journal of Development Economics* 120 (2016): 128-143.

[38] Lo explica con claridad Marcelo Bergman en *More Money, More Crime: Prosperity and Rising Crime in Latin America* (Nueva York, Oxford University Press, 2018).

construida. No por un solo actor, ni con un solo plan, pero sí con una serie de decisiones —algunas deliberadas, otras negligentes— que juntas conformaron el terreno propicio para el desastre. Políticas mal diseñadas, reformas inconclusas, omisiones estratégicas y una cadena de errores sistemáticos permitieron que múltiples factores se alinearan con consecuencias letales.

En este capítulo hemos recorrido muchas de esas piezas. Los operativos mal diseñados. La detención caótica de capos. El rediseño forzado de rutas. El alza de precios en el mercado de la cocaína. Las guerras intestinas que comenzaron antes del calderonato. Las policías locales rebasadas. El Estado desbordado. La percepción de impunidad. El equilibrio perverso de alta criminalidad y baja eficacia estatal. Las desigualdades estructurales que minaron toda posibilidad de contención. Cada una de esas variables es necesaria para entender lo ocurrido. Pero ninguna, por sí sola, basta.

Toda esa maquinaria necesitaba un lubricante. Un catalizador. Una herramienta.

Esa herramienta fueron las armas.

Lo diré de forma directa: sin rifles, pistolas y municiones, no hay masacres. No hay cuerpos colgados en puentes. No hay enfrentamientos de horas en calles urbanas. No hay desapariciones forzadas perpetradas por comandos armados con AR-15. Sin armas, la violencia no habría tenido ni esa velocidad ni esa letalidad. No es un detalle: es la clave. La diferencia entre la disputa y la guerra.

Esas armas no surgieron del aire. No fueron fabricadas en talleres improvisados en la sierra ni traídas por submarinos secretos desde Europa del Este. Fueron adquiridas legalmente en Estados Unidos. Vendidas con papeles en regla. Transportadas sin obstáculos. Permitidas por un sistema que —en lugar de impedirlo— lo facilitó.

En los capítulos que siguen, nos adentraremos al corazón del sistema. A la maquinaria legal, económica y política que hizo posible la tormenta. Analizaremos cómo Estados Unidos desmontó —pieza por pieza— su arquitectura de control sobre las armas. Cómo la PLCAA blindó a los fabricantes y les otorgó una inmunidad inédita frente a las consecuencias de sus productos. Cómo las enmiendas Tiahrt convirtieron en secreto de Estado la información sobre el origen de las armas usadas en crímenes. Cómo se protegió a la industria, no a las víctimas. Cómo se legalizó el descontrol. Veremos también cómo ese descontrol no se quedó en casa: cruzó la frontera. México, como mostrarán los siguientes capítulos, fue el país receptor de una política deliberada de desregulación. La violencia que vino del Norte no es una metáfora. Es una cadena de decisiones que tienen nombre, fecha y responsables.

Nada de lo que ocurrió en México después de 2007 se explica sin mirar hacia el Norte. No solo por geografía, sino por complicidad. Fue allá donde se gestó la impunidad comercial. Fue allá donde se debilitó la ley para proteger la venta y fue allá donde el *lobby* armamentista impuso su poder al interés público.

Las armas cruzaron una frontera. Pero con ellas cruzaron también responsabilidades. Las cifras que aquí matan son, en buena medida, el resultado de decisiones tomadas al otro lado. Por eso este libro no es solo sobre México. Es sobre una región asediada por una forma de libertad mal entendida. Sobre cómo el mercado de armas más grande del mundo se convirtió en el principal abastecedor de una guerra no declarada.

El fuego no se encendió solo. Lo encendieron. Lo financiaron. Lo armaron hasta los dientes.

2

El mercado de armas más grande del mundo

Paul Auster es uno de los grandes escritores de nuestra generación (y uno de mis favoritos). Durante los últimos años de su vida —murió en 2024— fue candidato habitual al Nobel. Sus novelas *El palacio de la luna, La invención de la soledad, La noche del oráculo* y *La trilogía de Nueva York* son ya clásicos contemporáneos. Obras complejas, sí, pero de escritura sencilla —o aparentemente sencilla—. Ya se sabe: que no se note la dificultad en un trabajo creativo es una virtud. Su literatura logra atrapar tanto al lector principiante como al más experimentado.

En 2023, Auster sorprendió al mundo literario con la publicación de *Un país bañado en sangre.* Cuando todos esperaban un mamotreto de 600 páginas repleto de ficción (como lo fue *4 3 2 1*, su gran novela publicada en 2017), el escritor apareció con una propuesta inusual dentro del panorama editorial: un libro dedicado a las consecuencias de la violencia armada en Estados Unidos.

En *Un país bañado en sangre* no hay ficción. Cada capítulo está acompañado por imágenes tomadas por el fotógrafo Spencer Ostrander. Son fotografías notables. No muestran figuras humanas ni armas de fuego. Son retratos de edificios, de paisajes sencillos, de lugares donde ocurrieron tiroteos masivos en Estados Unidos. Durante días, tras las matanzas, esos espacios estuvieron rodeados de cámaras, micrófonos y periodistas. Fueron el epicentro de la desgracia estadounidense. Luego, llegaron el silencio y el olvido, hasta que Ostrander nos los devolvió. Esas imágenes acompañan la escritura de Auster.

El libro comienza con una extraña historia familiar. Auster habla de su padre y de cómo este nunca fue capaz de articular una explicación creíble o consistente sobre la muerte del abuelo, ocurrida en un pasado ya lejano. Evadía. Daba largas. Según el día —y según la pregunta— el padre se inventaba historias heroicas (como un supuesto fallecimiento en la Primera Guerra Mundial) o francamente absurdas (una muerte accidental tras resbalar en el borde de un tejado). La muerte del abuelo se convirtió en un secreto familiar, en un muro imposible de franquear. Auster y sus hermanos sabían que algo raro se escondía detrás de las evasivas, pero optaron por no confrontarlo nunca.

Pasaron décadas. Quiso la casualidad que, en 1970, la primera esposa de Auster conversara durante un vuelo trasatlántico con un desconocido originario del pueblo donde había vivido la familia. Aquel hombre conocía la historia del abuelo y la contó con naturalidad. La verdad era simple: en 1919, dos meses después del final de la Primera Guerra Mundial, la abuela mató de un tiro al abuelo. En un arranque de furia, subió a la habitación matrimonial, tomó la pistola guardada debajo de la cama, bajó a la cocina y disparó varias veces contra el cuerpo de su marido.

El padre de Auster tenía seis años y medio al momento del asesinato. La abuela fue inesperadamente absuelta por motivos de "locura temporal" y continuó criando a sus hijos como si nada hubiera pasado. Nunca más se habló del tema. Los niños no solo se quedaron sin padre; crecieron con la innegable verdad de que su madre había sido quien le disparó.

A partir de esa historia personal, Auster teje un libro que examina el impacto de los tiroteos en Estados Unidos: un país donde, a diario, más de 100 personas mueren y otras 200 resultan heridas por armas de fuego. Su foco no está solo en los muertos, sino en los heridos que sobreviven: los que cargan con las secuelas físicas de por vida. "El codo hecho añicos que deja inútil un brazo, la rodilla pulverizada que convierte el paso normal en una dolorosa cojera, o el rostro destrozado y recompuesto con cirugía plástica y una prótesis de mandíbula".

Luego, por supuesto, están las víctimas a las que las balas no alcanzaron directamente, pero que viven con las heridas de los otros:

"... la hermana tullida, el hermano con lesión cerebral, el padre muerto. Y si tu padre ha muerto porque tu madre lo mató a tiros, y si a pesar de eso sigues queriéndola, casi seguro que irás cayendo poco a poco en un estado mental con tantos cables cruzados que, en buena parte, acabarás apagándote".[1]

Las historias como la de Paul Auster no son excepcionales. Solo tienen más suerte narrativa.

En Estados Unidos, cada día, cientos de personas reciben disparos. Algunas mueren. Otras sobreviven y aprenden a vivir con las balas incrustadas en el cuerpo, en la cara, en el pasado. La violencia armada es una constante nacional. Pero esa violencia no se entiende únicamente desde sus víctimas. Se entiende —sobre todo— desde su origen y fuente: desde la industria que la sostiene y los circuitos que la abastecen.

Estados Unidos alberga el mercado de armas más grande y libre del planeta. Ningún otro país produce, importa, exporta y distribuye tantas armas de fuego cada día. Ninguno facilita tanto su adquisición, ni resguarda con tanta devoción los intereses de quienes las manufacturan y comercian. ¿Cómo funciona ese mercado? ¿Quién lo regula? ¿Cómo es que, desde ahí, se abastecen los arsenales criminales de media región?

Este capítulo propone una mirada de conjunto. Un mapa general del ecosistema armamentista estadounidense: su lógica, sus dimensiones y sus grietas. Porque antes de analizar cómo se desmantelaron los controles, y mucho antes de abordar el impacto de esa violencia más allá de sus fronteras, conviene detenerse en lo más evidente y, a veces, más ignorado: el daño profundo que este mercado ha causado, ante todo, a los propios ciudadanos estadounidenses.

[1] Paul Auster y Spencer Ostrander, *Un país bañado en sangre* (Ciudad de México: Seix Barral, 2023), 26.

La economía del gatillo

La industria armamentista en Estados Unidos es un negocio enorme, pero difícil de rastrear. En 2021, solo el mercado civil generó alrededor de 9 000 millones de dólares en ingresos. Si se suma la producción con fines militares, la cifra alcanza los 19 600 millones.[2] Pero eso es apenas una parte. Según estimaciones de la Fundación Nacional de Tiro Deportivo (National Shooting Sports Foundation/The Firearms Industry Trade Association, NSSF), toda la cadena —fabricación, distribución, venta de armas y municiones— podría haber movido en 2024 más de 91 000 millones de dólares y sostenido más de 380 000 empleos, directos e indirectos.[3] Es un sector legal, rentable y profundamente normalizado, pero que opera con escasa visibilidad. Una economía completa construida alrededor del derecho a disparar.

En 2022, según datos oficiales de la Agencia de Alcohol, Tabaco, Armas de Fuego y Explosivos (Bureau of Alcohol, Tobacco, Firearms and Explosives, ATF), se manufacturaron en Estados Unidos 13 373 000 armas de fuego. No es un error de dedo. Son más de 13 millones de unidades producidas en un solo año. El número abruma. Equivale, por ejemplo, a armar por completo a toda la población de Grecia. O de Portugal. O de Suecia.

Como contraste, basta mirar dos décadas atrás. En 2001, la producción total de armas de fuego en Estados Unidos rondaba los tres millones anuales. Desde entonces, la población del país creció apenas un 18%. Pero la producción de armas se cuadruplicó. La demanda: se disparó. La industria no respondió a una necesidad demográfica, sino a una lógica expansiva alimentada por políticas permisivas, campañas de miedo y un mercado dispuesto a absorber todo lo que se ponga en circulación. El resultado: más armas que nunca, en menos tiempo que nunca.

---

[2] Jennifer Mascia, "The Gun Industry Makes Billions. But How Many Exactly?", *The Trace*, 2 de mayo de 2025.

[3] Mascia, "The Gun Industry Makes Billions. But How Many Exactly?".

GRÁFICA 2.1

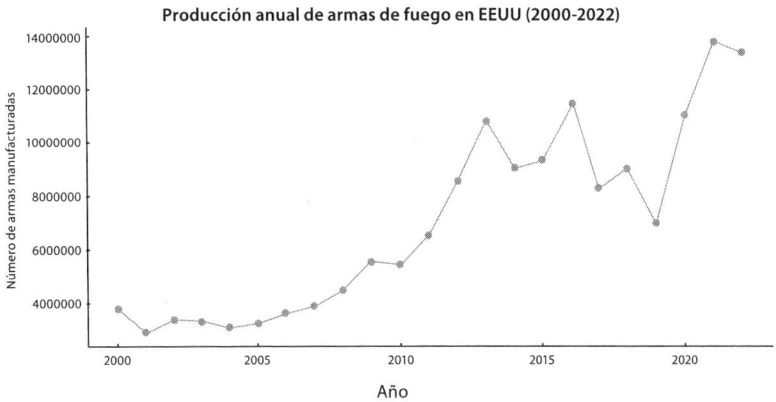

Escribo esto en 2025, y la industria de las armas en Estados Unidos atraviesa uno de los mejores momentos de su historia. En apenas dos décadas, el número de fabricantes registrados pasó de poco más de 2000 a casi 17000.[4] Podría parecer un ecosistema diverso, abierto, descentralizado. Pero no lo es. Es una industria altamente concentrada. Las 10 principales empresas producen el 70% de todas las armas del país.[5] Y dentro de ese grupo, tres gigantes se llevan la parte mayor: Smith & Wesson, Sturm, Ruger & Company y SIG Sauer. Entre 2016 y 2020, las tres compañías fabricaron —ellas solas— más de 47 millones de armas de fuego, algo más de una por cada cinco adultos y medio en Estados Unidos.[6]

Pero los números, por sí solos, no explican nada. Es la realidad. No dicen qué tipo de armas se producen, ni qué tan letales son, ni

[4] ATF, *National Firearms Commerce and Trafficking Assessment: Firearms in Commerce* (Washington D. C.: Department of Justice, 2022), 168.

[5] ATF, *National Firearms Commerce and Trafficking Assessment: Firearms in Commerce*, 15. Estas son Smith & Wesson Corp; Sturm, Ruger & Company Inc., SIG Sauer Inc., Freedom Group, O F Mossberg & Sons Inc.,Taurus International Manufacturing/Diamondback/Rossi/Heritage/Braztech,Wm. C. Anderson Inc., Glock Inc., Henry RAC Holding Corp y JIE Capital Holdings/JIE Enterprises.

[6] ATF, *National Firearms Commerce and Trafficking Assessment: Firearms in Commerce*, 15.

cómo ni dónde se usan. *Arma de fuego* es una categoría legal útil, pero analíticamente pobre. Lo que define el impacto de este mercado no es el volumen de su producción, sino la clase de armas que pone a disposición. Algunas matan más, más rápido y desde más lejos.

Una habitación, 22 armas

En 2017, Stephen Craig Paddock tenía 64 años y muchísimo dinero. Era uno de los tantos jugadores adinerados que pasan horas en los casinos de Las Vegas sin levantar sospechas. Barba de tres días, camiseta de manga larga, shorts holgados. En Las Vegas hay miles como él.

Una revisión rápida de su historial personal no arroja señales de alerta. No tenía antecedentes penales, ni filiaciones religiosas, ni diagnósticos psiquiátricos. Su pareja lo describía como alguien "amable, atento, tranquilo". Vivía en una casa amplia dentro de un club de golf en Mesquite, en el cruce entre Nevada, Utah y Arizona. Un lugar pensado para el retiro. Su única afición notable: las máquinas tragamonedas.

El 1 de octubre de 2017, después de jugar maquinitas durante casi tres horas, Paddock subió al piso 32 del Mandalay Bay Resort. Llevaba una semana hospedado ahí. Desde su *suite*, la número 135, tenía vista directa al escenario del festival Route 91 Harvest, un concierto de música *country* que esa noche reuniría a 22 000 personas.

Durante días, Paddock transportó más de 20 maletas cargadas de rifles automáticos, miras telescópicas, cargadores, cámaras, martillos y miles de cartuchos. Lo hizo con ayuda del personal del hotel, sin levantar sospechas. Entre las armas, había 14 fusiles tipo AR-15 y ocho AR-10. Algunas estaban equipadas con *bump stocks*, dispositivos entonces legales que convierten un rifle semiautomático en casi automático. Costaban menos de 100 dólares.

Esa noche, colocó cámaras en el pasillo, cera en los oídos, rompió los ventanales con un martillo y comenzó a disparar desde la *suite*. En 10 minutos mató a 60 personas e hirió directamente a 413.

La estampida provocada elevó el total de víctimas a más de 850. La última bala fue para él mismo.

El caso de Las Vegas fue una demostración brutal del poder de fuego al que puede acceder legalmente cualquier ciudadano sin antecedentes. Las armas que utilizó Paddock —fusiles semiautomáticos con aditamentos legales— forman parte de la oferta regular del mercado estadounidense. Entender esa oferta exige desmontar una categoría engañosa: la de *arma de fuego* como un todo homogéneo.

Diversidad letal: no todas las armas son iguales

En las estadísticas oficiales y en los programas de televisión, todo cabe bajo una misma etiqueta: *arma de fuego*. Pero esa categoría, tan amplia como cómoda, dice poco sobre lo que realmente importa: el poder de fuego, la velocidad con que una bala sigue a otra, el tipo de daño que puede infligir. No distingue entre el revólver oxidado en el cajón del buró de tu papá y un fusil semiautomático diseñado para la guerra. Esa diferencia lo es todo.

Porque no todas las armas matan igual. Algunas exigen puntería, sangre fría y experiencia. Otras, en cambio, se bastan por sí solas para convertir un salón de clases, una iglesia o un supermercado en una escena de guerra en cuestión de segundos. Importa, sobre todo, la cadencia del disparo, el término que refiere al número de proyectiles que un arma puede disparar en un minuto.

Grosso modo, las armas de fuego pueden dividirse en tres categorías según su mecanismo de disparo. Las de disparo único requieren una acción manual —generalmente, accionar un cerrojo o recargar— después de cada tiro. Las semiautomáticas, en cambio, expulsan el casquillo y recargan automáticamente tras cada disparo, lo cual permite que el tirador dispare una bala con cada presión del gatillo, sin necesidad de manipular el arma entre tiros. Las automáticas van un paso más allá: basta con mantener el gatillo presionado para que el arma dispare de forma continua hasta agotar el cargador. Son armas de guerra, tan dolorosamente presentes en las calles de México.

La diferencia es brutal: un rifle semiautomático puede disparar entre 45 y 60 tiros por minuto, dependiendo de la velocidad del tirador. Uno automático —como los que emplean las Fuerzas Armadas— puede superar fácilmente los 700.

Convertir un arma semiautomática en automática no requiere conocimientos avanzados ni maquinaria especializada. Basta un aditamento barato y un mecanismo rudimentario. No hace falta un taller ni una red criminal: una pieza impresa en 3D, un *switch* comprado en internet o un *bump stock* rescatado del mercado gris pueden ser suficientes.[7] La modificación puede hacerla cualquiera con acceso básico a herramientas y tiempo para seguir un tutorial.

Importa también si el arma permite disparar 30 balas sin recargar. O si admite miras tácticas, culatas retráctiles, cargadores ampliados. Todo eso transforma no solo su eficacia balística, sino su potencial letal en contextos civiles.

Importa, igualmente, el tipo de munición que dispara. No todas las balas son iguales. Su calibre —el ancho de la bala y del cañón que la dispara— define buena parte de lo que pueden hacer: la velocidad a la que viajan, la distancia que alcanzan, el tipo de tejido que penetran o destruyen.[8] Puede parecer un detalle menor, pero no lo es. Una bala pequeña puede causar heridas superficiales; una más pesada y veloz puede atravesar una pared, un automóvil o el cuerpo humano de lado a lado. Saber qué calibre usa un arma es entender, en parte, para qué fue pensada.

Las balas más pequeñas —como las de calibre 0.22— son baratas, ligeras, poco ruidosas. Se usan en general para cacería menor,

---

[7] Un *bump stock* o "culata de retroceso" es un aditamento que se acopla a un rifle semiautomático y le permite disparar a una velocidad similar a la de un arma automática. Funciona aprovechando el retroceso natural del arma para "sacudir" el gatillo rápidamente, sin que el tirador tenga que presionarlo una y otra vez. Aunque técnicamente no convierte el arma en automática, sí incrementa significativamente su cadencia de disparo.

[8] El calibre es la medida del diámetro interno del cañón de un arma de fuego y, por extensión, del proyectil que dispara. Puede expresarse en centésimas de pulgada (por ejemplo, 0.22 o 0.45) o en milímetros (como 9 mm o 7.62 mm).

entrenamiento o tiro deportivo. Las de 9 mm, más comunes, combinan potencia y control: son frecuentes en pistolas de uso civil y policial. Otras, más grandes o más rápidas, pueden tener efectos más devastadores: no solo perforan, sino que pueden fragmentarse dentro del cuerpo y generar múltiples trayectorias internas. Algunas atraviesan muros delgados, puertas o chalecos antibalas sencillos. Cada calibre expresa una lógica: precisión, disuasión, daño.

Por eso el calibre no es solo una cifra en la caja de municiones. Es una decisión técnica. Determina la energía que se transfiere al cuerpo, el tipo de herida que deja y el contexto en el que un arma puede volverse letal. En la práctica, elegir un calibre es elegir una forma de violencia.

El impacto de estas diferencias no es abstracto. Es concreto, es inmediato. Se vuelve trágicamente visible en casos como el de Dayton, Ohio. En agosto de 2019, un hombre armado con un rifle semiautomático modificado cruzó la calle frente a un bar y abrió fuego. Usaba municiones Remington calibre 0.223, diseñadas para viajar a alta velocidad y fragmentarse al impactar. En apenas 32 segundos les disparó a 26 personas, mató a nueve e hirió a otras 17.[9] El rifle no era automático, pero estaba equipado con un tambor de 100 balas, un accesorio que, sin alterar su categoría legal, multiplicó su capacidad destructiva. La policía respondió en menos de un minuto. No fue suficiente. En ese margen mínimo —entre el primer disparo y la respuesta armada— se decidió la vida —y la muerte— de hombres y mujeres que tomaban cerveza al mediodía en un bar.

Cada segundo cuenta. Y cada bala también.

Un país saturado de rifles

No hace falta ir muy lejos en la clasificación técnica para encontrar un tipo de arma que destaque por su capacidad de daño, su volumen

[9] Adeel Hassan, "Dayton Gunman Shot 26 People in 32 Seconds, Police Timeline Reveals", *The New York Times*, 13 de agosto de 2019.

de producción y su centralidad en el debate: los rifles. Dentro de la categorización oficial de la ATF, esta es la familia de armas largas que más crece, más circula y más preocupa. Según esa misma definición, un rifle es un arma diseñada para ser disparada desde el hombro, que lanza un solo proyectil por cada presión del gatillo, a través de un cañón con estrías.[10] Es decir: la mayoría son semiautomáticos. No son armas automáticas —al menos no en su versión legal—, pero muchas comparten con los fusiles militares su forma y, en muchos casos, su potencia. En las últimas dos décadas, han pasado de ser una categoría más del arsenal estadounidense a ocupar el centro mismo del mercado civil de armas. Demasiados, demasiado rápido y en demasiadas manos.

En esta categoría, el crecimiento en la producción ha sido vertiginoso. Entre 1986 y 2016, la fabricación de rifles en Estados Unidos siguió una trayectoria claramente ascendente, con repuntes marcados en años clave. A mediados de los noventa, la cifra rondaba los 1.4 millones de unidades anuales. Para 2016, esa cifra se había triplicado: más de 4.2 millones de rifles salieron ese año de las líneas de ensamblaje.[11] El ascenso no fue lineal, pero sí constante. Cada pico responde a contextos específicos —cambios políticos, temores regulatorios, crisis sociales— que analizaremos en los siguientes capítulos. Pero detrás de cada repunte hay una misma señal: la demanda civil de rifles no ha dejado de crecer.

[10] Véase ATF, "Firearms/Guides: Importation & Verification of Firearms/Gun Control Act Definition/Rifle", 2024.

[11] ATF, *National Firearms Commerce and Trafficking Assessment: Firearms in Commerce*, 16.

Gráfica 2.2

Rifles manufacturados en Estados Unidos (1986-2016)

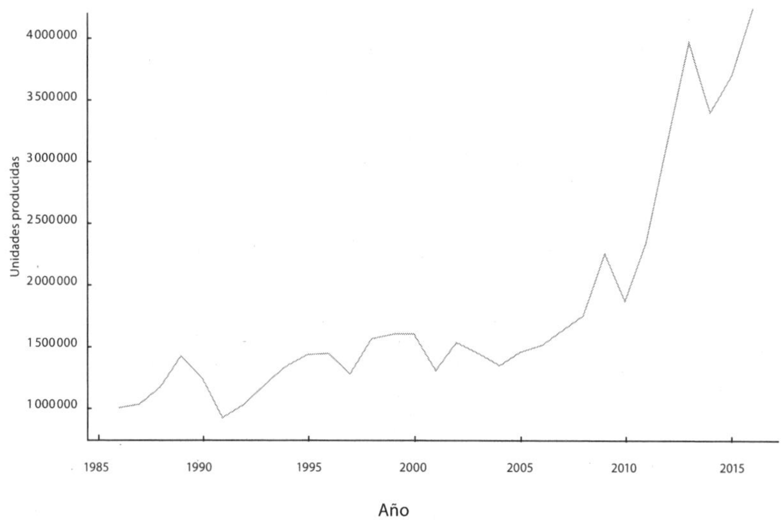

Fuente: Alcohol, Tobacco Firearms and Explosives Commerce in the United States. "Annual Statistical Update 2021". Último acceso 2024.

Entre todos esos millones de rifles fabricados, hay uno que concentra más atención, más controversia y más poder simbólico que cualquier otro. Un modelo que no solo domina las estadísticas, sino también el imaginario colectivo. Hablar del mercado civil de armas largas en Estados Unidos es, en buena medida, hablar de él: del rifle que se vende como si fuera una extensión del cuerpo. Del que aparece en vitrinas, en campos de tiro, en tiroteos masivos y en debates legislativos. El rifle que muchos defienden como emblema de libertad y otros denuncian como instrumento de terror: el AR-15. Como veremos a continuación —y en otros capítulos— rifles de este tipo han cruzado la frontera y han contribuido —de forma silenciosa pero sostenida— a amplificar la letalidad del crimen organizado en México.

También allá, el AR-15 ha dejado cuerpos. También allá ha dejado huellas.

AR-15: el rifle de América

No se trata de un arma más. El AR-15 es ligero, preciso, de bajo retroceso y altamente modificable.[12] Su diseño modular y su estética militar lo han convertido en una plataforma adaptable a casi cualquier perfil de usuario: desde el tirador deportivo hasta el civil paranoico. Pero más allá de sus cualidades técnicas, lo que ha hecho del AR-15 un fenómeno es su dimensión simbólica. En 2016, la NRA lo bautizó como "el rifle de América". Desde entonces, su presencia se ha multiplicado: en anuncios, en ferias de armas, en redes sociales, en tiroteos masivos. El AR-15 es un significante.

El diseño original del AR-15 fue desarrollado en los años cincuenta por Eugene Stoner, un ingeniero aeronáutico que trabajaba para la empresa Armalite. El modelo fue pensado para uso militar: debía ser liviano, preciso, fácil de ensamblar y capaz de disparar ráfagas con poco retroceso. A finales de los cincuenta, la patente fue vendida a Colt, que adaptó el rifle para el Ejército de Estados Unidos bajo el nombre M16. A partir de ahí surgió su versión civil: el AR-15 tal como hoy se conoce. Técnicamente, se trata de un rifle semiautomático —dispara una bala con cada presión del gatillo—, diseñado para ser disparado desde el hombro y con un cañón de estrías internas que estabilizan el proyectil.[13] Aunque no dispara en modo automático, su diseño modular permite configurarlo con miras telescópicas, culatas retráctiles y cargadores de gran capacidad. Es un arma legal en la mayoría de los estados.

Desde que la patente expiró en los años setenta, docenas de fabricantes comenzaron a producir variantes del modelo. Marcas como Bushmaster, Smith & Wesson y Springfield Armory lo convirtieron en

[12] El mejor libro que conozco sobre la historia, el mercado y el poder simbólico del AR-15 es de Cameron McWhirter y Zusha Elinson, *American Gun: The True Story of the AR-15* (Nueva York: Farrar, Straus and Giroux, 2023). Escrito con rigor narrativo y basado en años de reporteo, ofrece una mirada profunda sobre cómo este fusil militar se transformó en objeto de consumo masivo en Estados Unidos.

[13] Terry Gross, "How the AR-15 Became the Bestselling Rifle in the U.S.", *Fresh Air*, NPR, 20 de abril de 2023.

un producto masivo. Lo que antes era un diseño militar restringido se transformó en un modelo a ser reproducido por decenas de empresas.

El resultado es visible en los números. En solo tres décadas, entre 1990 y 2020, la producción de rifles AR-15 en Estados Unidos creció más del 3600%. Pasó de 74000 unidades en 1990 a casi 2.8 millones en 2020, su año de mayor producción registrada. Pero el dato más revelador no está solo en el punto de llegada, sino en el quiebre histórico de 2004. Ese año expiró la Prohibición Federal de Armas de Asalto —vigente desde 1994— y el mercado reaccionó con velocidad. Lo que siguió fue una verdadera explosión en la manufactura de rifles tipo AR-15.

En 2004 se fabricaron unas 150000 unidades. Diez años después, en 2014, la cifra había superado el millón y medio. El año 2020 —marcado por la pandemia, la polarización y la ansiedad social— cerró con un nuevo récord: 2.8 millones de unidades fabricadas en 12 meses.[14] Se estima que, en total, más de 24 millones de AR-15 han sido fabricados en Estados Unidos en las últimas tres décadas.[15]

GRÁFICA 2.3

AR-15 manufacturadas en Estados Unidos (1990-2020)

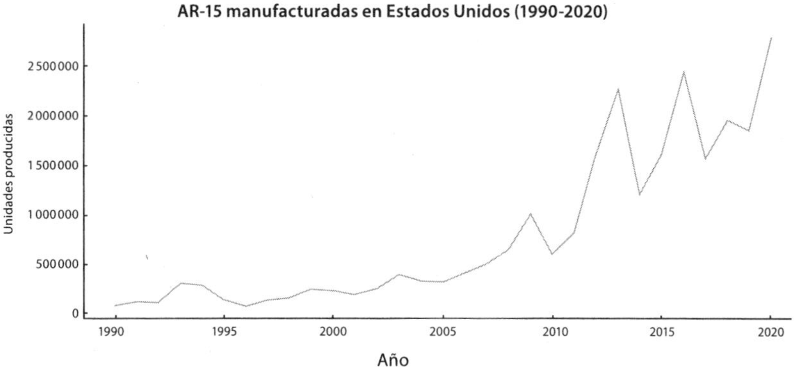

Fuente: The Firearm Industry Trade Association. "Commonly Owned NSSF Announces over 24 million MSRs in Circulation". Último acceso 2024.

[14] Los datos sobre la producción de rifles AR-15 provienen de fuentes oficiales, principalmente de la ATF y de la NSSF, la principal asociación de la industria armamentista en Estados Unidos.

[15] Jennifer Mascia, "What Is an AR-15 Rifle, Exactly?", *The Trace*, 1 de agosto de 2022.

La popularidad del rifle no puede entenderse sin su dimensión cultural. Su figura aparece en ferias, en redes sociales, en desfiles patrióticos y campañas publicitarias. Se hereda, se personaliza, se presume. Para muchos, no es solo un arma: es un símbolo. Una afirmación de pertenencia. Un marcador de identidad. Su estética —militar, sobria, agresiva— refuerza ese lugar simbólico en una cultura que lleva décadas fusionando defensa personal, libertad individual y virilidad armada.

La expansión del AR-15 no es solo el resultado de la demanda civil. Es también el reflejo de un diseño legal que ha incentivado su permanencia y protegido su circulación. Cada intento de regulación dispara las ventas (como ocurrió tras la reelección de Obama en 2012 o durante los debates legislativos posteriores a Sandy Hook). Con cada masacre, el ciclo se repite: indignación, discusión y, al mismo tiempo, récords de venta (Las Vegas en 2017, Parkland en 2018, Uvalde en 2022). El miedo alimenta al mercado, el mercado construye identidad y el AR-15 se consolida como tótem de una nación fracturada (con su punto más alto en 2020, en pleno confinamiento por la pandemia de covid-19).[16]

Pero esa identidad viene con un saldo devastador. La historia del AR-15 es trágica. Entre las 17 masacres más letales ocurridas en Estados Unidos entre 2012 y 2022, al menos 10 involucraron un rifle AR-15. Se trata de un patrón. El rifle semiautomático preferido por tiradores masivos ha dejado más muertos que cualquier otra arma en este periodo.

El AR-15 no es simplemente un rifle. Es la expresión de una cultura que ha normalizado la violencia como forma de vida y como modelo de negocio. Los rifles circulan, esperando a su próxima víctima y a su próximo comprador. Solo 37 000 pesos y un par de clics en una tienda en línea separan a uno del otro.[17]

---

[16] Esta reflexión está inspirada en la segunda parte de McWhirter y Elinson, *American Gun*.

[17] Laura Sánchez Ley, "Mexicano que mató a hondureños usó un AR-15, el arma más popular entre estadunidenses y narcos", *Milenio*, 3 de mayo de 2023.

Del diseño soviético al mercado civil: AK-47

No se puede hablar del AR-15 sin hablar del AK-47. Son dos rifles que, aunque nacidos en contextos geopolíticos distintos, han terminado por compartir el mismo espacio: el de las armas de alto poder que circulan legalmente, se venden masivamente y se reproducen en los márgenes de la legalidad. El primero representa la sofisticación modular del mercado estadounidense; el segundo, la dureza funcional de un diseño pensado para durar. Mientras el AK-47 privilegia la resistencia y la simplicidad, el AR-15 apuesta por la personalización y la precisión. El primero dispara a ráfagas; el segundo, bala por bala. Uno fue diseñado para durar décadas en zonas de conflicto; el otro, para circular legalmente, ser modificado y vendido por millones. Son armas distintas, pero hoy —por diseño o por desvío— terminan cumpliendo funciones similares.

El AK-47 fue diseñado en 1947 por Mijaíl Kaláshnikov, un joven soviético que, sin formación técnica formal, ideó un fusil confiable, resistente y fácil de operar. Pensado para las guerras largas y los frentes inestables, pronto se convirtió en el arma estándar del bloque socialista y en herramienta común de revoluciones, ejércitos insurgentes y conflictos de descolonización.[18] Aunque es imposible saberlo, los cálculos más conservadores estiman que existen más de 100 millones de fusiles AK-47 y sus variantes en circulación global, lo que lo convierte en el arma de fuego más producida de la historia. Además de figurar en el escudo nacional de Mozambique —paradójicamente acompañado por un libro abierto y una herramienta agrícola—, el AK-47 aparece en emblemas oficiales o insurgentes en más de 50 contextos distintos, desde milicias africanas hasta ejércitos regulares. Ningún arma ha sido tan estetizada y apropiada simbólicamente.

Su éxito no se explica solo por su capacidad de fuego, sino por su bajo costo, su mecánica sencilla y su casi indestructibilidad. Con

[18] El mejor libro que conozco sobre el AK-47 es el de C. J. Chivers, *The Gun: The AK-47 and the Evolution of War* (Londres: Penguin, 2010). Más que una biografía del arma, es una historia global sobre su difusión por el mundo. Los principales datos de este apartado los obtuve de esta obra.

el tiempo, se convirtió en el fusil más difundido del mundo, producido —legal o clandestinamente— en más de 30 países. En México, donde ha circulado desde hace décadas, recibió un nombre propio: cuerno de chivo.

Aunque su origen es soviético, el AK-47 no está ausente del mercado estadounidense. Al contrario: Estados Unidos se ha convertido en uno de sus principales puntos de ensamblaje, adaptación y redistribución civil. No se trata del fusil automático original, sino de una constelación de variantes semiautomáticas —como el WASR-10, el RAS47 o el PSAK-47— que mantienen el diseño, el calibre y la lógica mecánica del arma original, pero cumplen con los requisitos legales para ser vendidas al público. Lo curioso es que muchas de estas versiones se ensamblan en Florida, Carolina del Sur o Vermont, y se promocionan como rarezas exóticas, piezas de colección o instrumentos recreativos.

Ese matiz legal —que disparen una sola bala por cada presión del gatillo— es suficiente para que crucen sin problema todo el sistema regulatorio estadounidense. Pero su destino muchas veces no es el campo de tiro, sino el mercado negro. Algunas de estas armas son modificadas para recuperar su capacidad automática. Otras, simplemente traficadas tal como están. En ambos casos, el recorrido es el mismo: de un taller legal en Estados Unidos a un arsenal clandestino en algún otro punto del continente. Si el AR-15 simboliza la normalización del rifle en la esfera civil, el AK-47 expone hasta qué punto ese mismo sistema puede ser reapropiado, desviado y convertido en instrumento de guerra por otros medios.

En Estados Unidos, la producción de rifles tipo AK-47 forma parte del mercado legal de armas. Empresas como Century Arms, con sede en Vermont (43 000 rifles producidos en 2022); Palmetto State Armory, en Carolina del Sur (101 000 rifles producidos en 2022); y Kalashnikov USA, en Florida, fabrican o ensamblan variantes semiautomáticas adaptadas a la regulación federal.[19] A pesar

[19] Sam Stebbins, "Most Popular American-Made Rifle Companies", *24/7 Wall St.*, 23 de mayo de 2024.

del nombre, esta última no tiene ningún vínculo con la empresa original rusa ni con el gobierno de ese país, lo cual no impide que comercialice sus productos bajo el supuesto prestigio histórico (es un decir) del diseñador soviético. Aunque se distinguen del modelo original por no contar con modo automático, estas armas mantienen su diseño exterior, calibre y funcionalidad básica. Se venden como rifles deportivos o de colección, pero su atractivo radica en la familiaridad con el AK-47 original. No son una reinterpretación, sino una adaptación legal. Se producen a escala industrial, dentro de un marco regulatorio que prioriza el tipo de mecanismo, no la intención o el destino del arma.

Municiones y cargadores desmontables: los motores silenciosos

Si el rifle es el ícono, la munición es el motor silencioso. Sin embargo, rara vez aparece en el centro del debate. Se discuten los modelos, las marcas, los calibres, pero poco se dice del volumen real de cartuchos en circulación. La munición —económica, abundante, acumulable— es el componente más subestimado de la industria armamentista. Sin ella, no hay disparo, no hay amenaza, no hay mercado. Hablamos de un mercado inmenso y creciente. Cada año, se producen unos 15 000 millones de cartuchos en el planetas para rifles, pistolas y otras armas ligeras.[20] Son más de 40 millones de balas al día. Más de 27 000 cada minuto; casi 500 por segundo. Suficientes para disparar dos veces contra cada ser humano del planeta, año tras año. Ningún otro bien de consumo —excepto quizá los cigarrillos o las botellas de plástico— se fabrica en tales cantidades para cumplir una función tan destructiva.

[20] UN, "Enough Bullets Made Each Year to Kill 'Twice the Number of Planet's Inhabitants', First Committee Hears during Debate on Conventional Weapons", 22 de octubre de 2022.

Estados Unidos es el corazón del mercado de municiones. Cada año produce entre 8 000 millones y 10 000 millones de cartuchos, más de la mitad del total mundial.[21] No hay un registro oficial unificado, pero las estimaciones de la Small Arms Survey y los datos de la industria coinciden: ninguna economía fabrica tantas balas como la estadounidense. Solo la planta de Lake City, en Misuri, puede producir hasta 1 600 millones de cartuchos anuales. A eso se suman las líneas privadas de Vista Outdoor, Winchester y Remington, que abastecen tanto al Ejército como al mercado civil.[22]

La demanda no ha dejado de crecer. En años como 2013 y 2020 —tras la masacre de Sandy Hook o durante las protestas por George Floyd— las compras civiles alcanzaron niveles récord. En algunos estados se agotaron las existencias. No porque faltaran balas, sino porque millones de personas corrieron a comprarlas. La industria respondió como suele hacerlo: aumentó turnos, diversificó calibres, invirtió en nuevas máquinas. El resultado es un mercado que produce de forma continua, sin pausa, como si la próxima emergencia estuviera siempre a la vuelta de la esquina. Un mercado que no se detiene.

Esa lógica de anticipación no se limita a las balas. También alcanza a los dispositivos que permiten convertirlas en disparos continuos. Entre ellos, los cargadores desmontables ocupan un lugar central.[23] Son recipientes que alojan municiones y se insertan con facilidad en el arma. Su función es sencilla: permiten disparar múltiples veces sin recargar manualmente después de cada tiro.

---

[21] Mark F. Cancian, "Rebuilding U.S. Inventories: Six Critical Systems", Center for Strategic & International Studies, 9 de enero de 2023; NSSF, "Firearm Production in the United States with Firearm Import and Export Data", 2020.

[22] NSSF, "Firearm Production in the United States with Firearm Import and Export Data".

[23] En inglés, *detachable magazines*. Son dispositivos portátiles que contienen y alimentan municiones al arma mediante un mecanismo de resorte. Pueden insertarse y retirarse rápidamente. Suelen ser intercambiables entre armas del mismo modelo o calibre.

En rifles como el AR-15 o el AK-47, el cargador desmontable es el eje funcional del arma. Toda su arquitectura está diseñada para optimizar la velocidad de recarga y la continuidad del fuego. Sin un cargador de alta capacidad, el AR-15 pierde parte de lo que lo ha convertido en símbolo: su eficiencia, su ritmo, su capacidad de respuesta inmediata. En los modelos civiles, como en los militares, el cargador es lo que permite que el rifle pase de herramienta a amenaza.

En Estados Unidos hay al menos 304 millones de cargadores desmontables en manos civiles. De ellos, más de la mitad permiten disparar más de 10 balas sin pausa.[24] Solo los cargadores de rifle con capacidad para 30 rondas o más suman 79.2 millones de unidades, más que la población total de Alemania.[25]

Ni las balas ni los cargadores están regulados con rigor. Se venden en ferreterías, tiendas deportivas o páginas web. En muchos estados, es más fácil comprar una caja de municiones o un cargador de alta capacidad que un antibiótico. No hay receta, ni espera, ni control. Son objetos baratos, duraderos y acumulables. En los tiroteos masivos son regla, no excepción. Pero, fuera de ahí, casi nadie habla de ellos. No son armas, no son pólvora, no disparan por sí solos. No obstante, sin ellos, pocos disparan.

La libertad importada

Si no todas las armas son iguales, tampoco lo son sus trayectorias. Algunas se fabrican en Springfield, Massachusetts; otras cruzan medio mundo antes de llegar a manos civiles en Texas o Nevada. El mito del rifle norteamericano —nacido en una fábrica patriótica, comprado en una armería local y disparado por un ciudadano libre— se desvanece

---

[24] NSSF, "Firearm Production in the United States with Firearm Import and Export Data".

[25] La capacidad para más rondas implica, en términos simples, cuántos disparos consecutivos puede hacer un arma sin necesidad de recargar. En algunos estados de Estados Unidos, se han aprobado leyes para limitar los cargadores a 10 balas.

ante un dato poco conocido: buena parte de las armas que circulan en Estados Unidos ni siquiera fueron fabricadas ahí.

Esta realidad ataca la línea de flotación de una mitología profundamente estadounidense: la del arma como símbolo de libertad, autonomía y poder individual. En la cultura popular, las armas —como los autos— no son objetos técnicos, sino vehículos de identidad.

En palabras de Paul Auster, se trata de "las formas más emocionantes de autoexpresión de que disponemos: atrévete a pisar a fondo el acelerador y de pronto estás circulando a una velocidad de 140 kilómetros por hora; flexiona el dedo índice en torno al gatillo de tu Glock o de tu AR-15 y el mundo es tuyo".[26]

Sin embargo, cuando las pistolas llegan desde Austria, los rifles desde Canadá y las escopetas desde Turquía, el relato se complica. La libertad —esa palabra tan invocada— también se compra en el extranjero, se transporta en contenedores y se registra con código de aduana. Para una nación acostumbrada a fabricar sus propios símbolos, esa dependencia externa es algo más que una contradicción logística: es una verdad incómoda.

Los datos acompañan el desajuste narrativo. A principios del siglo XXI, el número de armas importadas apenas superaba el millón al año. Dos décadas después, la cifra se acercaba a los seis millones y medio. El crecimiento es revelador: cada vez más armas circulan dentro de Estados Unidos sin haber sido producidas en su territorio.[27]

La mayoría de las pistolas que entran al país provienen de Austria, Brasil e Italia. En el caso de los rifles, destacan Canadá y Alemania.[28] Las escopetas llegan, sobre todo, desde Turquía. No son armas hechas por patriotas en fábricas de Ohio o New Hampshire, sino productos ensamblados en Croacia o en la Turquía profunda, y vendidas a distribuidores de cuello blanco.[29]

---

[26] Auster y Ostrander, *Un país bañado en sangre*, 63.

[27] ATF, *National Firearms Commerce and Trafficking Assessment: Firearms in Commerce*, 57.

[28] ATF, *National Firearms Commerce and Trafficking Assessment: Firearms in Commerce*, 61.

[29] Estados Unidos es también un importador neto de municiones. Entre 2010 y 2020, el país importó legalmente más de 26 000 millones de balas. Esto es aproxi-

Esta dimensión importadora es clave para entender lo que ocurre al sur de la frontera. Es cierto: alrededor del 70% de las armas recuperadas en escenas del crimen en México fueron fabricadas en Estados Unidos. Pero lo que suele omitirse es que buena parte del 30% restante corresponde a armas fabricadas en otros países, importadas legalmente a Estados Unidos y luego desviadas —ilegalmente— hacia México.

Gráfica 2.4

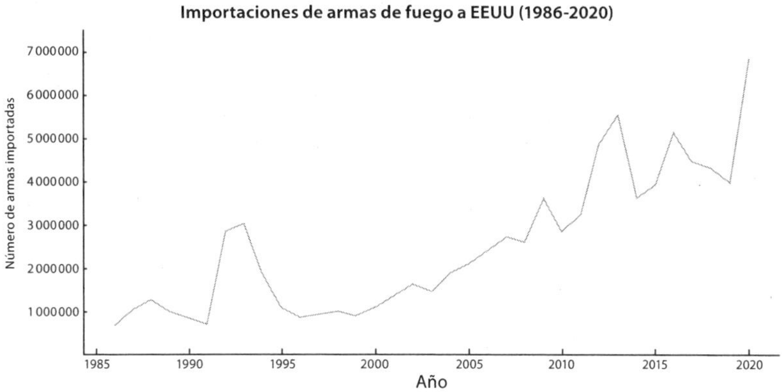

Fuente: Alcohol, Tobacco, Firearms and Explosives Firearms Commerce in the United States. "Annual Statistical Update 2021". Último acceso 2024.

Las demasiadas armas de fuego

En términos comparados, el número de armas en Estados Unidos está fuera de toda proporción. El país que sigue en la lista con

---

madamente 78 balas por habitante en una década. Durante ese mismo periodo, el precio de estas creció más del 145%. Rusia, Italia, México y Corea del Sur son los principales importadores. Destaca que empresas mexicanas sean responsables del 11.6% del total de las municiones importadas a Estados Unidos. En los últimos años, las sanciones a Rusia han abierto una oportunidad de mercado relevante para las empresas mexicanas. Sería una historia de éxito comercial si no fuera porque muchas de las balas importadas legalmente terminan por volver a México de forma ilegal. Véase ATF, *National Firearms Commerce and Trafficking Assessment: Firearms in Commerce*, 84-85.

mayor índice de posesión de armas es Yemen, que tiene 52.8 armas por cada 100 habitantes. Y Yemen se encuentra en guerra civil desde 2014.

Cada año, el mercado estadounidense absorbe cerca de 20 millones de armas de fuego. Trece millones provienen de la producción interna; casi siete más llegan por la vía de la importación. Una de cada cuatro es un rifle. La cifra abruma por sí sola, pero plantea una pregunta inevitable: ¿para qué seguir fabricando e importando armas a esta escala?

Una investigación publicada en 2024 estimó que en Estados Unidos circulaban alrededor de 378 millones de armas de fuego.[30] La cifra no incluye armas impresas en 3D ni fabricadas artesanalmente. Hablamos de un país con 332 millones de personas: 114 armas por cada 100 habitantes. Es una proporción comparable a la de teléfonos celulares (116 por cada 100) y superior a la de automóviles (90 por cada 100). En términos de volumen, hay más armas que adultos, más armas que hogares, más armas que personas registradas para votar.

El problema no radica únicamente en cuántas armas existen hoy, sino en la escala histórica de su fabricación. Según una estimación de *The Trace* basada en datos de la ATF, desde 1899 se han producido más de 512 millones de armas de fuego destinadas al mercado estadounidense.[31] La cifra contempla tanto las fabricadas internamente como las importadas, y deja fuera las exportaciones. Aunque una parte de ese arsenal haya salido de circulación, el volumen acumulado revela algo más que una industria en expansión:

---

[30] Jennifer Mascia y Chip Brownlee, "How Many Guns Are Circulating in the U.S.?", *The Trace*, 12 de marzo de 2024. Otros cálculos, como el del Children's Hospital of Philadelphia Research Institute, estiman que el número total de armas de fuego en circulación en Estados Unidos asciende a 393 millones.

[31] *The Trace* calculó la cifra de 512 millones de armas producidas para el mercado estadounidense a partir de datos anuales de la ATF, incluyendo tanto armas fabricadas en Estados Unidos como importadas desde 1899. Para estimar cuántas permanecen en circulación, aplicaron una tasa de depreciación del 1% anual a partir de 1946, año a partir del cual los datos son más consistentes. Véase Mascia y Brownlee, "How Many Guns Are Circulating in the U.S.?".

muestra un patrón sostenido de producción desmedida, incentivada por una demanda que pocas veces ha encontrado límites.

Por supuesto, las armas no se reparten equitativamente entre los ciudadanos. La tendencia en Estados Unidos es extraña: un número cada vez menor de personas posee cada vez más armas. Según las encuestas más confiables, cerca del 3% de la población adulta concentra aproximadamente la mitad del arsenal civil del país. Además, el 8% de los propietarios declara tener 10 o más armas en su haber. Hay más armas que necesidades, más oferta que propósito legítimo. Lo que reflejan estas cifras no es solo una economía saturada, sino una cultura que ha naturalizado el exceso como derecho. La pregunta ya no es cuántas armas existen, sino cuántas puede acumular un país antes de volverse rehén de su propio arsenal.[32]

Los estragos de las armas en Estados Unidos

Las armas no solo se producen, circulan y se venden. También hieren, matan y traumatizan. Lo que en otros países sería un dato excepcional, en Estados Unidos es una rutina estadística. La violencia armada no es solo un problema de seguridad: es una tragedia de salud pública, una herida abierta en el centro del cuerpo social.

Ahí están las cifras. En 2023, según los datos consolidados de los Centros para el Control y Prevención de Enfermedades (Centers for Disease Control and Prevention, CDC), murieron en Estados Unidos 46 728 personas como consecuencia de heridas provocadas por armas de fuego. Son 128 personas al día, una cada 11 minutos. Más de la mitad (58%) fueron suicidios. El 38% fueron homicidios. El resto se reparte entre accidentes, intervenciones policiales y casos no determinados.

---

[32] Deborah Azrael *et al.*, "The Stock and Flow of U.S. Firearms: Results from the 2015 National Firearms Survey", RSF: *The Russell Sage Foundation Journal of the Social Sciences* 3, núm. 5 (2017): 38-57.

No es normal. En ningún otro país desarrollado mueren tantas personas por armas de fuego. El 81% de los homicidios en Estados Unidos se comete con un arma. En Europa, ese porcentaje ronda el 17%. En Asia, el 18%.[33] Las cifras estadounidenses se parecen más a las de América Latina que a las de Canadá, Alemania o Australia.

Pero tal vez el dato más perturbador sea también el más normalizado: el suicidio. En 2023, más de la mitad de las muertes por arma de fuego en Estados Unidos fueron autoinfligidas. Es un fenómeno tan extendido que ha dejado de escandalizar. Pero no debería. Con apenas el 4% de la población mundial, Estados Unidos concentra el 44% de los suicidios cometidos con un arma de fuego. La cifra no admite atenuantes. Y, sin embargo, no provoca reformas ni conmociona al sistema político. Se repite, se soporta, se archiva.

En 2021, la tasa nacional de suicidios fue de 14 por cada 100 000 habitantes, pero en estados como Wyoming o Montana superó los 20 por cada 100 000, niveles comparables con países atravesados por crisis estructurales como Ucrania. Lo singular del caso estadounidense es la velocidad de acceso al medio letal. Las armas no permiten la pausa del arrepentimiento. No hay margen entre impulso y tragedia. En Europa, solo el 9% de los suicidios se cometen con armas de fuego.[34] En Estados Unidos, la cifra es del 55%.

La disponibilidad también afecta a los más jóvenes. Una encuesta nacional reveló que una tercera parte de los adolescentes que viven en hogares con armas pueden acceder a ellas en menos de cinco minutos.[35] El arma está ahí, lista, sin barreras. Y como han mostrado investigaciones recientes, un porcentaje preocupante de quienes adquieren armas ha tenido o tiene ideas suicidas. El acceso no

---

[33] UNODC, *Global Study on Homicide 2022* (Viena: UNODC, 2023), 24-25.

[34] Flemish Peace Institute, "Firearms and Deaths by Firearms in the EU", 11 de diciembre de 2018.

[35] Carmel Salhi, Deborah Azrael y Matthew Miller, "Parent and Adolescent Reports of Adolescent Access to Household Firearms in the United States", JAMA *Network Open* 4, núm. 3 (2021): 1-9.

alivia: acelera. No disuade: precipita.[36] En un país donde el suicidio con arma de fuego es la primera causa de muerte, la falta de políticas de control de armas es una forma de complicidad.

A estas cifras hay que sumar a los cerca de 85 000 heridos anuales: personas que sobreviven con fracturas, lesiones medulares, órganos perforados y cuerpos mutilados.[37] Lo que las balas no matan lo transforman en trauma. Hospitalizaciones, cirugías, rehabilitación prolongada, cuidados de por vida. Una herida por arma no termina cuando la sangre se coagula.

Una tercera parte de los hogares estadounidenses (32 %) tiene al menos un arma de fuego.[38] En la mayoría de los casos —el 81 %— se justifica su presencia en nombre de la protección.[39] La lógica es simple: ante un robo, un ataque, una amenaza, el arma permitirá defender el hogar. Esa narrativa ha sido durante décadas el pilar emocional de la industria armamentista.

Durante la pandemia de covid-19, por ejemplo, la NRA capitalizó el miedo colectivo para difundir campañas en las que presentaba las armas como la única defensa fiable ante un eventual colapso. La incertidumbre vendió, como siempre.

---

[36] Michael D. Anestis, Shelby L. Bandel y Allison E. Bond, "The Association of Suicidal Ideation with Firearm Purchasing During a Firearm Purchasing Surge", JAMA *Network Open* 4, núm. 10 (2021).

[37] Jake Miller, "The Hidden Cost of Firearm Injuries", Harvard Medical School, 4 de abril de 2022.

[38] Diversos estudios y encuestas —incluyendo los realizados por Pew Research Center— han identificado con consistencia el perfil demográfico más frecuente entre los propietarios de armas en Estados Unidos: hombres blancos, mayores de 50 años, residentes en zonas rurales, con niveles educativos bajos (en particular, sin haber completado la educación secundaria) y una alta probabilidad de identificarse con el Partido Republicano. Aunque hay variación entre regiones y generaciones, ese perfil sigue siendo el más representativo de quienes poseen armas legalmente en el país. Véase Pew Research Center, "For Most U.S. Gun Owners, Protection Is the Main Reason They Own a Gun", 16 de agosto de 2023.

[39] Pew Research Center, "Gun Violence Widely Viewed as a Major and Growing National Problem", 28 de junio de 2023.

Pero los datos desmienten la premisa. Una persona que vive en un hogar con un arma tiene el doble de probabilidades de morir por homicidio que alguien que vive en una casa sin armas. En el caso de los suicidios, el riesgo se triplica.[40]

La amenaza es aún más clara en contextos de violencia íntima. Un estudio de 2022 mostró que las personas que conviven con una pareja armada tienen siete veces más probabilidades de ser asesinadas que quienes viven con una pareja desarmada.[41] La posesión legal no garantiza la seguridad. Garantiza el acceso inmediato a un medio letal.

Los niños no están al margen. Las historias de menores que encuentran un arma cargada en una cómoda o debajo del colchón se repiten hasta el cansancio. En 2021, 2 590 menores de edad murieron por disparos de arma de fuego, según los CDC. En 2019 fueron 1 732. En apenas dos años, el salto fue de casi el 50%.[42] "Las armas protegen", siguen insistiendo algunos.

La fantasía se extiende al espacio público. En varios estados se permite portar armas en restaurantes, parques y cines bajo la premisa de que su presencia disuadirá ataques. Pero la evidencia muestra lo contrario: quien porta un arma está más expuesta al riesgo, no menos.[43] A tomar decisiones impulsivas. A escalar situaciones. A terminar muerta. La historia de la familia de Paul Auster sirve como ilustración.

---

[40] Andrew Anglemyer, Tara Horvath y George Rutherford, "The Accessibility of Firearms and Risk for Suicide and Homicide Victimization Among Household Members: A Systematic Review and Meta-analysis", *Annals of Internal Medicine* 160, núm. 2 (2014): 101-110.

[41] David M. Studdert, Yifan Zhang, y Alezander F. Holsinger, "Homicide Deaths Among Adult Cohabitants of Handgun Owners in California, 2004 to 2016: A Cohort Study", *Annals of Internal Medicine* 175, núm. 6 (2022): 804-811.

[42] John Gramlich, "Gun Deaths Among U.S. Children and Teens Rose 50% in Two Years", Pew Research Center, 6 de abril de 2023.

[43] Allison Jordan, Chandler Hall y Devin Hughes, "Debunking the 'Guns Make Us Safer' Myth", Center for American Progress, 12 de febrero de 2024; John J. Donohue, Abhay Aneja y Kyle D. Weber, "Right-to-Carry Laws and Violent Crime: A Comprehensive Assessment Using Panel Data and a State-Level Synthetic Control Analysis", *Journal of Empirical Legal Studies* 16, núm. 2 (2019): 198-247.

La violencia armada también se mide en pérdidas económicas. Según un estudio de Everytown for Gun Safety publicado en 2022, el costo anual de la violencia con armas en Estados Unidos supera los 557 000 millones de dólares, equivalente al 2.6% del producto interno bruto.[44] Esa cifra incluye gastos médicos, pérdida de productividad, respuesta policial, costos judiciales y deterioro de la calidad de vida. Es como si cada año el país arrojara al fuego el presupuesto combinado de educación pública, medio ambiente y desarrollo urbano. Ningún otro problema de salud pública con tantas víctimas goza de tan poca voluntad de regulación.

* * *

Y luego están los tiroteos masivos.

Son la expresión más visible —y más incomprensible— del daño que provocan las armas de fuego en Estados Unidos. Representan una fracción menor del total de muertos, pero concentran el miedo colectivo. Son, por definición, irracionales. Ocurren en iglesias, supermercados, cines, conciertos, escuelas. Son perpetrados casi siempre por hombres solitarios que no buscan un blanco concreto, sino venganza contra el mundo. El más silencioso de todos, el que nunca gritó ni acusó ni levantó la voz, puede convertirse mañana en tu verdugo. Tu verdugo puede ser Stephen Craig Paddock. Y tú, un espectador anónimo en un concierto masivo en Las Vegas.

En su libro *Un país bañado en sangre*, Paul Auster distingue entre distintos tipos de violencia: la de la rabia íntima, la del cálculo criminal y la de las matanzas al azar. Las dos primeras, dice, son imperdonables, pero comprensibles. La tercera no lo es. No hay motivo. No hay lógica. "¿Por qué demonios querrá alguien matar a gente que no conoce —pregunta Auster—, sobre todo a personas que no le han hecho ningún daño y que con toda probabilidad lo

[44] Everytown for Gun Safety, "The Economic Cost of Gun Violence", 19 de julio de 2022.

ayudarían a levantarse si se cayera al suelo?".[45] La respuesta no existe. Solo queda el eco de las balas y la certeza de que el próximo puede ser cualquiera.

Desde 2014, el Archivo de la Violencia Armada (Gun Violence Archive, GVA) ha intentado medir ese horror. El proyecto nació tras la masacre en la primaria Sandy Hook, cuando Mark Bryant, un ingeniero jubilado con barba más larga que la de Karl Marx, decidió empezar a rastrear, uno por uno, todos los eventos violentos con armas en Estados Unidos. Ante la ausencia de una base de datos oficial, fundó su propio archivo. Hoy, el GVA es la fuente más confiable sobre tiroteos en ese país. Su equipo —más de 20 personas— monitorea diariamente más de 7 500 agencias policiales, bases de datos gubernamentales y medios de comunicación. Saben, casi en tiempo real, dónde, cuándo y cómo se disparó un arma en cualquier punto de Estados Unidos.

La definición que el GVA usa para *mass shooting* (tiroteo masivo) es sencilla: todo evento en el que cuatro o más personas —sin contar al tirador— hayan recibido disparos. Bajo esa definición, en 2023 se registraron 656 tiroteos masivos, más del doble de los 272 reportados en 2014, cuando comenzó Bryant a formar el archivo. La curva es ascendente y no muestra señales de inflexión. El GVA también lleva un registro de los *mass murders* (asesinatos masivos): eventos con al menos cuatro personas asesinadas. En 2014 hubo 17. En 2023, 40. Un número inédito en la historia reciente de Estados Unidos.

Entrar al sitio del GVA es una experiencia perturbadora. Hoy es 9 de junio de 2025. En la página principal, el mapa interactivo muestra todos los tiroteos ocurridos en la última década: más de 410 000 puntos amarillos. Uno por cada incidente. El sitio se actualiza constantemente. Cada hora, Mark Bryant y su equipo agregan una nueva entrada. Doy clic al botón de refrescar y aparece un nuevo infierno. El mapa se mueve. El conteo sigue. Mañana será distinto.

---

[45] Auster y Ostrander, *Un país bañado en sangre*, 10.

Los tiroteos masivos no son solo eventos de violencia extrema. Son un veneno social. Lastiman lo más profundo del tejido común. Instalan la sospecha, el miedo, la lógica del enemigo invisible. El vecino, el compañero de trabajo, el desconocido que se sienta detrás de ti en el cine: cualquiera puede ser el siguiente. No hay preparación posible. Solo la conciencia de que, en Estados Unidos, nadie está completamente a salvo de convertirse, sin previo aviso, en blanco.

GRÁFICA 2.5

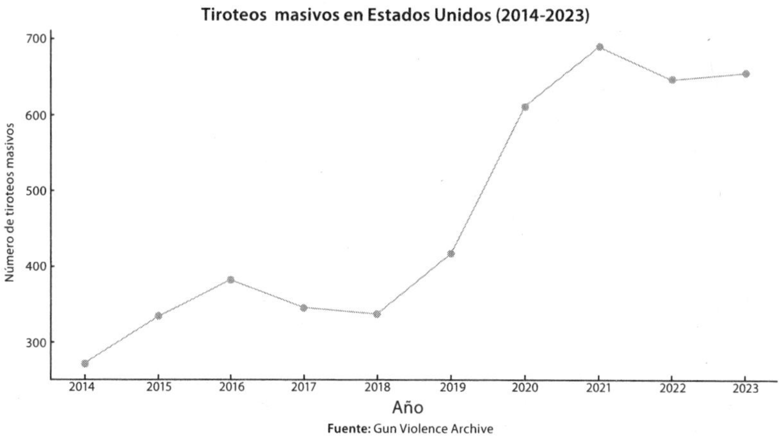

Un día en el mercado

Son las tres de la tarde de un lunes cualquiera. Un hombre entra en una tienda de armas en las afueras de Tucson, Arizona. Luce como cualquier comercio de barrio: letrero sobrio, luces blancas, una bandera colgada en la pared. Podría ser una peluquería. O no.

El cliente ya sabe lo que quiere: una pistola semiautomática, calibre 0.40. El vendedor le ofrece dos opciones, le explica las diferencias y le pide su identificación. Le entrega un formulario —el 4 473 de la ATF— con preguntas de rutina: nombre, dirección, ciudadanía, historial penal. El cliente lo llena en cinco minutos. El empleado lo sube al sistema para una verificación instantánea. Tardan menos de 20 minutos en darle luz verde. El hombre paga en efectivo. Sale del lugar con una caja alargada bajo el brazo. Todo ha sido legal. Todo ha sido fácil.

La escena es ordinaria, pero su banalidad es lo que inquieta. En buena parte de Estados Unidos, comprar un arma de fuego no requiere más esfuerzo que abrir una cuenta bancaria o rentar un coche. No hay entrevistas serias, no hay evaluación psicológica, no hay criterios de necesidad. Basta con que el sistema no encuentre antecedentes penales —y a veces ni eso— para que la venta se concrete. El vendedor, por su parte, no tiene por qué ser un experto ni operar en un establecimiento formal. Puede atender desde una tienda, un garaje o la mesa de su cocina. La ley lo permite. El mercado lo recompensa.

Para vender armas de forma legal en Estados Unidos basta con obtener una licencia federal (Federal Firearms License, FFL).[46] Cualquier ciudadano mayor de 21 años puede solicitarla ante la ATF. El proceso es sencillo: verificación básica de antecedentes, pago de 200 dólares y una entrevista presencial.[47] El permiso dura tres años y su renovación cuesta menos que la licencia para vender alcohol en un restaurante. Hacia finales de 2022, había 77 813 personas con licencia para vender armas. Cada una representa, en la práctica, un punto de venta. Es una cifra que abruma por comparación: hay más vendedores de armas que tiendas de McDonald's, Subway, Wendy's y Burger King juntas.[48] Es también más del cuádruple del número de cafeterías Starbucks en todo el país.

---

[46] Existen nueve tipos de licencias FFL. Las más comunes son la tipo 1, que permite vender armas como comerciante minorista; la tipo 2, que habilita a operar como comerciante de armas usadas; y la tipo 7, que autoriza tanto la manufactura como la venta de armas de fuego. Cerca del 75% de los titulares de FFL tienen licencias tipo 1 o 2, mientras que aproximadamente el 20% cuenta con licencia tipo 7.

[47] ATF, *National Firearms Commerce and Trafficking Assessment: Firearms in Commerce*, 11.

[48] Everytown for Gun Safety, "Inside the Gun Shop: Firearms Dealers and Their Impact", 6 de julio de 2023.

Gráfica 2.6

¿Cuántos puntos de venta de armas hay en Estados Unidos?

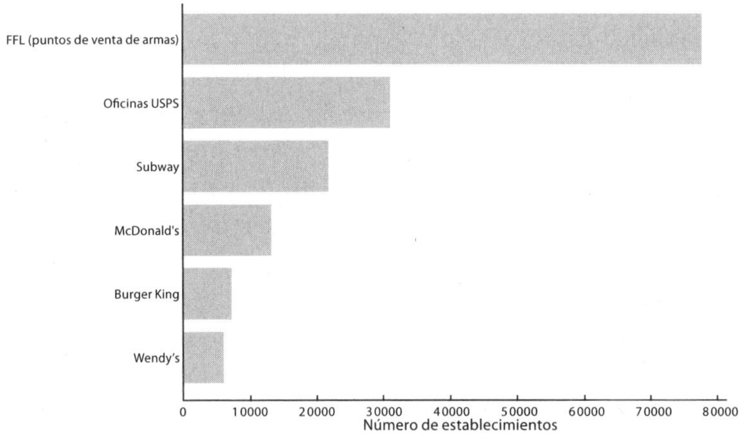

Fuente: Everytown Research (2022), con los datos de ATF y registros comerciales.

A modo de contraste, en México solo existen dos tiendas legales para la compra de armas: una en el Campo Militar Número 1, en el Estado de México, y otra en Nuevo León, ambas operadas por la Secretaría de la Defensa Nacional. Mientras que en Estados Unidos hay más de 77 000 puntos de venta privados, en México la política de acceso está concentrada, militarizada y diseñada para restringir, no para facilitar. Las implicaciones de esta asimetría serán analizadas más adelante, pero la comparación ya dice mucho.

No todos los que ostentan una FFL operan igual. Algunos son grandes tiendas minoristas o armerías especializadas. Pero más de la mitad están registrados en domicilios particulares.[49] Son los llamados *kitchen-table dealers*: individuos que comercian armas desde sus casas, en salas o cocinas convertidas en puntos de venta. En Wyoming o Montana, hay más de 100 licencias por cada 100 000 habitantes. En California o Nueva Jersey, no llegan a seis. El mapa de FFL parece el de dos países distintos.

---

[49] Everytown for Gun Safety, "Inside the Gun Shop: Firearms Dealers and Their Impact".

A pesar de su número, el mercado está concentrado. Menos del 3% de los poseedores de una FFL vende la mitad de las armas que circulan. La mayoría opera a pequeña escala. Y sin demasiada vigilancia.[50] En teoría, la ATF puede inspeccionar sus actividades. En la práctica, casi nunca lo hace.[51] En 2021, solo se realizaron 6000 inspecciones a nivel nacional. Apenas 31 licencias fueron revocadas. Durante la pandemia, las visitas presenciales se suspendieron: todo se hizo por teléfono. Justo en ese periodo —el de menor supervisión en décadas— se vendieron más armas que nunca.[52]

Todo esto ocurre del lado de la oferta: quién vende, con qué permisos, bajo qué condiciones. Pero el mercado no se explica solo por los vendedores. También importa quién puede —y quién no puede— comprar. Para entender el verdadero alcance del sistema, conviene mirar, aunque sea brevemente, las reglas que determinan el acceso a las armas de fuego en Estados Unidos.

¿Quién puede comprar?

Desde 1968, cuando se aprobó la Ley de Control de Armas (Gun Control Act) tras los asesinatos de Martin Luther King y Robert F. Kennedy, la legislación federal establece quiénes pueden —y quiénes no pueden— comprar armas de fuego en Estados Unidos.[53] Cualquier persona mayor de 18 años puede adquirir rifles

---

[50] Everytown for Gun Safety, "Inside the Gun Shop: Firearms Dealers and Their Impact".

[51] ATF, *National Firearms Commerce and Trafficking Assessment: Firearms in Commerce*, 65.

[52] Durante los años de pandemia, más de 60 millones de armas fueron vendidas en Estados Unidos. Siete millones y medio de ciudadanos compraron un arma por primera vez en su vida. En muchos casos, la adquisición no tuvo que ver con la seguridad, sino con el miedo. Véase Daniel De Visé, "Americans Bought Almost 60 Million Guns During the Pandemic", *The Hill*, 21 de abril de 2021.

[53] Una revisión más detallada de la evolución del marco regulatorio sobre armas de fuego en Estados Unidos —desde la década de los setenta hasta las reformas más

o escopetas; para comprar una pistola se requiere tener al menos 21. La ley excluye a ciertos grupos: personas condenadas por delitos graves, individuos con órdenes de restricción, consumidores adictos de sustancias controladas, no ciudadanos en situación regular y personas con antecedentes de enfermedad mental.

Desde 1998, estas exclusiones se verifican —en teoría— mediante una revisión instantánea a través del Sistema Nacional de Verificación Instantánea de Antecedentes Penales (National Instant Criminal Background Check System, NICS), operado por el Buró Federal de Investigaciones (Federal Bureau of Investigations, FBI).[54] Toda venta realizada por un vendedor con licencia federal debe pasar por ese filtro. En apariencia, el sistema impone límites claros. En la práctica, esos límites son porosos y su aplicación depende del lugar donde uno viva.

El hombre que entró a la tienda en Tucson esa mañana cumplía con todos los requisitos. Tenía más de 21 años, portaba una identificación válida, no tenía antecedentes penales y su nombre no despertó alertas en el sistema. Nadie le preguntó por qué quería un arma ni para qué la usaría. Nadie evaluó su estabilidad emocional,

---

recientes— será abordada en los siguientes dos capítulos. Aquí nos limitamos a presentar el esquema vigente.

[54] Según la Ley de Control de Armas de 1968 y su reglamentación posterior, los comerciantes de armas con licencia federal están obligados a realizar una verificación de antecedentes del comprador mediante el sistema NICS, administrado por el FBI. Esta obligación no aplica a las transacciones privadas entre individuos no licenciados, siempre que ambas partes residan en el mismo estado y "la venta no tenga un carácter comercial regular". El vacío legal permite que millones de armas cambien de manos sin ningún control estatal ni registro documental.

En un intento por cerrar parcialmente esta omisión, en 2022, la Ley Bipartidista para Comunidades Más Seguras (Bipartisan Safer Communities Act) modificó el criterio legal para exigir licencia a los vendedores. Según la nueva ley, ya no es necesario que el comercio de armas sea su ocupación principal, sino que basta con que exista un beneficio económico regular. Sin embargo, cuando escribo estas líneas, la reglamentación de este nuevo estándar sigue en proceso y su aplicación práctica es limitada. Con el regreso de Donald Trump a la presidencia, el futuro de esta reforma es más que incierto: su administración ha dado señales de querer revertir su aplicación mediante obstáculos regulatorios y presión política sobre la ATF.

su contexto familiar o su historial de comportamiento. La ley no lo exige. El sistema no lo contempla.

Aunque el marco general es federal, su implementación está lejos de ser uniforme. Algunos estados han añadido otros requisitos: California, por ejemplo, exige un periodo de espera de 10 días, pruebas de manejo del arma y restricciones sobre rifles semiautomáticos. Nueva York impone licencias obligatorias incluso para municiones. Otros estados, como Texas o Arizona, se apegan al mínimo requerido por la ley federal, sin controles adicionales ni mecanismos de verificación más exigentes. El resultado es un sistema profundamente fragmentado, donde el acceso legal a un arma depende menos de quién seas y más de dónde estés.

En última instancia, son los estados los que deciden hasta dónde aplicar —o ignorar— los márgenes del control federal. Tienen la facultad de añadir requisitos, imponer restricciones específicas o simplemente *dejar hacer.* La ley nacional establece un piso, no un techo. Y cada estado lo interpreta como quiere. El resultado no es un sistema: es un mosaico jurídico donde lo legal depende del código postal. En un extremo, hay burocracias que intentan regular con lupa. En el otro, hay territorios donde la regulación es tratada como una ofensa personal.

Cartografía de los agujeros del sistema

Es sábado por la mañana en Fort Worth, Texas. Afuera del centro de convenciones hay fila desde temprano. Decenas de familias, parejas jóvenes y veteranos se forman bajo el sol. Al fin, las puertas se abren.

Los asistentes pagan su entrada en efectivo —10 dólares por cabeza— y entran sin mayores controles. No hay revisiones de seguridad, ni registros, ni base de datos. No hace falta ser coleccionista, ni cazador, ni experto. Basta con querer mirar. Es el Gun Show mensual en Fort Worth, uno entre los miles que se organizan cada año en Estados Unidos.

El salón es amplio y está abarrotado. Filas y filas de mesas exhiben rifles, pistolas, cuchillos, cargadores, municiones y camisetas con lemas de la Segunda Enmienda. En algunos puestos, los vendedores —licenciados— exigen papeles y llenan formularios. Pero no en todos. Otros, sin licencia federal, venden armas usadas como quien vende un electrodoméstico: sin papeleo, sin preguntas, sin verificación de antecedentes. Este tipo de transacciones lleva un nombre distintivo: *cash and carry*. El trato se cierra con algunos billetes de dólar y un apretón de manos.

Un joven se detiene frente a una Glock 19; conversa unos minutos con el vendedor, negocia el precio. Saca tres billetes de 100 y recibe la pistola envuelta en una funda suave. No entrega ningún documento. No firma nada. No hay cámara que registre la venta. No hay base de datos que la archive. No hay quien pregunte por la salud mental del chico. Nadie más lo ve. Todo es legal. Todo es simple.

Nada en la escena sugiere delito. Todo ocurre bajo luz fluorescente, entre puestos de comida rápida y niños que les piden a sus padres tocar un arma. La escena es banal.

La banalidad inquieta.

* * *

La escena parece una anomalía, pero no lo es. Miles de transacciones como esta ocurren cada fin de semana en Estados Unidos. Están amparadas por vacíos legales que más que fallas parecen concesiones deliberadas.

A simple vista, la ley estadounidense sobre armas parece tener límites claros: reglas federales, listas de exclusión, revisiones de antecedentes. Pero esa es solo una parte del mapa. La realidad no se rige por la arquitectura formal, sino por sus grietas. En Estados Unidos el acceso a las armas no se limita a lo que ocurre en una tienda con licencia. Existe toda una red de transacciones que bordea —o directamente elude— las obligaciones mínimas de verificación. En otros países serían vacíos legales, pero en Estados Unidos operan como rutas alternativas. Estas son socialmente aceptadas y legalmente toleradas. Se puede comprar un arma en una feria sin dejar huella, cerrar una venta entre particulares sin pasar por ningún sistema o adquirir componentes en línea y ensamblar un rifle en casa. Nada de esto es clandestino.

Ventas sin verificación entre particulares

Como revisamos antes, en Estados Unidos la ley federal exige que los vendedores con licencia —FFL— verifiquen los antecedentes penales del comprador mediante el sistema NICS. Sin embargo, no impone esa obligación a las ventas privadas entre personas sin licencia. Esto significa que, si un ciudadano quiere venderle un arma a otro —en un estacionamiento, en su casa, por medio de un anuncio local o en una feria—, puede hacerlo sin llenar ningún formulario ni consultar ninguna base de datos. En términos legales, no es un delito. En términos prácticos, es una puerta abierta. Es un agujero en el sistema.

El alcance de este vacío es brutal. Según estimaciones recientes, uno de cada cinco propietarios en Estados Unidos obtuvo su arma más reciente sin pasar por ninguna verificación de antecedentes.[55] Estamos hablando de millones de transacciones por fuera del sistema formal cada año. Ninguna de esas armas tiene un rastro documental. Ninguna está asociada oficialmente a su comprador.

Durante décadas, este tipo de ventas privadas se consideraron parte de la "tradición" armamentista: herencias, ventas entre vecinos, intercambios informales. Pero el mercado ha evolucionado. Hoy, muchas de esas transacciones se llevan a cabo entre desconocidos, a través de plataformas digitales como Armslist, donde miles de personas publican armas en venta sin estar obligadas a comprobar la identidad del comprador. Numerosos estudios han demostrado que en varios estados se puede contactar a un vendedor privado y concretar la compra de un arma en menos de 24 horas, sin preguntas, sin barreras.

[55] Matthew Miller, Lisa Hepburn y Deborah Azrael, "Firearm Acquisition without Background Checks: Results of a National Survey", *Annals of Internal Medicine* 166, núm. 4 (2017). Investigaciones más recientes confirman que la estadística no se ha movido de manera significativa.

Ferias de armas: el punto ciego del sistema

La escena de Fort Worth descrita antes no es excepcional. Todos los días, en ciudades grandes y pueblos pequeños, se abren las puertas de auditorios, centros cívicos y gimnasios escolares para alojar *gun shows*. Se instalan mesas con mantas azules, blancas y rojas; se alinean vitrinas de vidrio con pistolas relucientes y se cuelgan rifles de pared como si fueran guitarras eléctricas. El ambiente es familiar. Huele a algodón de azúcar, a café recalentado, a hamburguesa frita, a pólvora vieja. Podría ser una exhibición de juguetes o de ropa. Uno puede pasear por los pasillos como quien recorre un tianguis o una convención de cómics, solo que aquí lo que se colecciona —y se comercia— son armas de fuego.[56]

Las ferias de armas —*gun shows*— son eventos temporales organizados en espacios públicos donde se congregan comerciantes con y sin licencia para vender armas de fuego, municiones y accesorios. Funcionan como mercados itinerantes: durante uno o dos días —normalmente fines de semana— cientos de puestos ofrecen rifles, pistolas, cuchillos, cargadores o biblias con camuflaje. Están totalmente abiertos al público. Basta con pagar la entrada. No hace falta ser cazador ni coleccionista: basta con querer mirar. O comprar.

En el interior, lo que se encuentra es una combinación asombrosa entre legalidad y ambigüedad. Algunos puestos son operados por comerciantes con licencia federal. Estos siguen el procedimiento formal: formulario 4473, verificación de antecedentes, pago documentado... Pero muchos otros —los que ofrecen armas usadas

[56] Sobre las ferias de armas y su relación con la violencia armada, véase Ellicott C. Matthay *et al.*, "In-State and Interstate Associations Between Gun Shows and Firearm Deaths and Injuries", *Annals of Internal Medicine* 167, núm. 12 (2017): 837-844; Garen J. Wintemute *et al.*, "Gun Shows and Gun Violence: Fatally Flawed Study Yields Misleading Results", *American Journal of Public Health* 100, núm. 10 (2010): 1856-1860; Garen J. Wintemute, "Gun Shows across a Multistate American Gun Market: Observational Evidence of the Effects of Regulatory Policies", *Injury Prevention* 13, núm. 3 (2007): 150-155.

o herencias— operan bajo el mecanismo de comercio entre particulares. Allí no se exige identificación, no se llena ningún papel ni se activa ningún sistema de verificación. A eso se refiere el *gun show loophole*: un espacio legal, físicamente visible y socialmente tolerado, donde la obligación de verificar antecedentes simplemente no aplica.

Desde los años noventa, el número de ferias ha crecido de manera sostenida. Una investigación que publiqué con tres colegas en 2022 contabilizó al menos 20 000 ferias celebradas en Estados Unidos entre 2011 y 2019.[57]

Gráfica 2.7

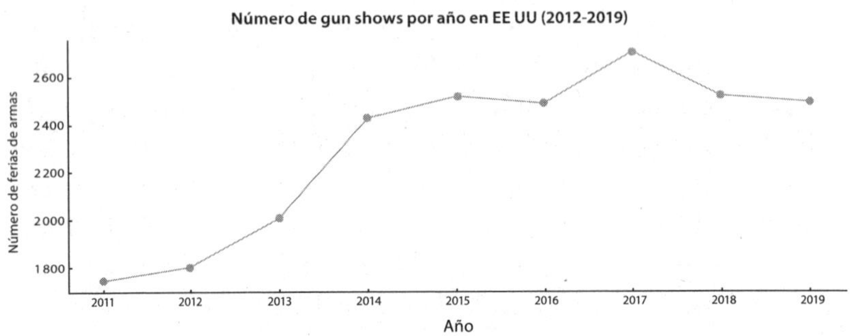

Elaboración propia. **Fuente:** Pérez Esparza, D. Weigend Vargas, E. Payán, T. y Pérez Ricart, C. (2022). Examining a Dataset on Gun Shows in the US, 2011-2019. Jornal of Illicit Economics and Development, 4(1), pp. 86-96.

Nuestra investigación, además de hacer una recopilación de los anuncios de ferias de armas publicados entre 2011 y 2019, también analizó los efectos de las ferias de armas sobre los patrones de la violencia armada. Combinamos datos desagregados por condado en Estados Unidos. El hallazgo principal: en los condados con

---

[57] La base de datos fue construida a partir de un ejercicio sistemático de recopilación manual de anuncios de ferias de armas publicados entre 2011 y 2019 en fuentes impresas y digitales. Se usaron como insumos principales la revista NRA *Magazine* y sitios especializados. Véase David Pérez Esparza *et al.*, "Examining a Dataset on Gun Shows in the US, 2011-2019", *Journal of Illicit Economies and Development* 4, núm. 1 (2022): 86-96.

niveles medios o altos de criminalidad, la realización de una feria estuvo asociada a un incremento en los delitos con armas de fuego en las semanas posteriores. El patrón no es uniforme en todos los contextos, pero sí estadísticamente robusto. La mayor circulación de armas lleva a situaciones violentas.

Otro de los hallazgos de nuestro estudio sobre ferias de armas en Estados Unidos entre 2011 y 2019 apunta a su posible vinculación estructural con el tráfico de armas hacia México. Si bien el artículo no establece una relación causal directa, sí documenta una correlación geográfica inquietante: los condados con más *gun shows* tienden a coincidir con aquellos desde donde más armas han sido rastreadas por autoridades mexicanas tras su uso en hechos criminales. Estados fronterizos como Texas, Arizona y California —zonas de intensa actividad ferial— no solo permiten que miles de armas cambien de manos cada año sin verificación de antecedentes, sino que también operan como nodos logísticos de entrada al mercado ilícito trasnacional.

Las ferias de armas son una de las expresiones más visibles del sistema de ventas sin verificación. Funcionan a plena luz del día, bajo marcos legales aquiescentes, y permiten que miles de armas cambien de manos sin dejar rastro alguno. Lamentablemente, estas representan solo una modalidad dentro de un ecosistema más amplio de transacciones informales, donde la trazabilidad es la excepción y no la norma. Esa misma lógica, que facilita acuerdos verbales en un centro de convenciones, se replica hoy en entornos digitales aún menos fiscalizados.

Ventas en línea

Con el tiempo, las ferias han dejado de ser el único espacio para eludir controles. En la última década, una parte creciente del comercio informal de armas ha migrado a otro entorno, igual de opaco, pero aún más accesible: la pantalla de un celular o una computadora. Sitios como Armslist, GunBroker, Guns.com, GunsAmerica, GunAuction, Weapon Depot y Florida Gun Trader permiten a individuos ofertar armas de fuego sin intermediación de vendedores con licencia y, en la mayoría de los estados, sin verificación de antecedentes.[58]

Una investigación de la organización Everytown for Gun Safety demostró que, entre 2018 y 2020, Armslist —la plataforma más visible— publicó más de un millón de anuncios al año de armas ofrecidas por vendedores no licenciados que operaban desde jurisdicciones donde no existían controles adicionales.[59] En estos espacios digitales, los términos del intercambio se pactan por correo electrónico o mensajería instantánea, y el encuentro suele cerrarse en persona —en un estacionamiento, una cafetería, un parque— sin dejar ningún registro. La misma investigación reveló que cerca de uno de cada nueve individuos que responden a esos anuncios no podría aprobar una verificación de antecedentes, una tasa siete veces mayor que la de compradores en establecimientos autorizados.

Las plataformas suelen escudarse en el argumento de que no son comerciantes, sino tablones de anuncios. Alegan que no venden armas, sino que simplemente conectan a oferentes y compradores. Esa estructura les permite evadir obligaciones legales: no están sujetas a las normas que rigen a los *dealers* licenciados, ni son responsables de verificar si quien compra puede poseer legalmente un arma. Basta un seudónimo. La mayoría de las plataformas no exige un nombre real, mucho menos una verificación de identidad. A diferencia de una venta presencial en una tienda —donde el formulario 4473, la base de datos del FBI y el sistema NICS son obligatorios—, aquí el filtro depende únicamente de la voluntad del vendedor.

Por lo general, esa voluntad suele ser mínima: según Everytown for Gun Safety, solo 6% de los vendedores no licenciados en estados sin regulación adicional afirma exigir una verificación previa. La venta puede completarse en menos de tres minutos.[60]

---

[58] Véase Flxpoint, "Top Firearm Marketplaces for Selling Guns Online", 7 de enero de 2025.

[59] Véase Everytown for Gun Safety, "Unchecked: An Investigation of the Online Firearm Marketplace", 1 de febrero de 2021.

[60] Everytown for Gun Safety, "Unchecked: An Investigation of the Online Firearm Marketplace".

Aunque el principio general es el mismo que con las ferias de armas —las ventas entre particulares no están obligadas a la verificación de antecedentes—, el entorno digital introduce un nuevo grado de opacidad.[61] En las plataformas en línea, no solo es más fácil conectar a vendedores y compradores sin licencia; también es más fácil eludir cualquier señal de alerta. Quien publica un anuncio no necesita justificar la frecuencia de sus ventas ni su motivación económica. A diferencia de lo que ocurre en un punto de venta físico, donde la actividad comercial puede ser supervisada, aquí el comercio ocurre de forma dispersa, sin vigilancia sistemática y con una interfaz que diluye toda responsabilidad.

La falta de verificación es la piedra angular de un mercado paralelo que permite que personas con antecedentes penales, órdenes de restricción o historial violento accedan a armas sin dejar rastro. Varios tiroteos notorios de la última década involucran armas obtenidas a través de plataformas como Armslist, sin verificación alguna. En muchos casos, los perpetradores habían sido rechazados por el sistema formal o sabían que no lo superarían, pero encontraron una vía rápida y legalmente tolerada para armarse.

El problema no termina en el plano nacional. Este tipo de transacciones también facilita el desvío hacia mercados internacionales: armas adquiridas sin registro en foros digitales de Estados Unidos han sido traficadas a México, donde terminan en manos de organizaciones criminales. A diferencia de otras rutas más complejas, esta ni siquiera exige una estructura sofisticada: basta con anonimato, dinero en efectivo y una línea postal sin restricciones.

Pero incluso esa lógica —la de un arma física que cambia de manos— comienza a quedar superada. En los márgenes más recientes del mercado, ni siquiera hace falta comprar un arma

---

[61] En 2022, la Ley Bipartidista para Comunidades Más Seguras intentó reducir esta zona gris al exigir que toda persona que obtenga un beneficio económico regular por la venta de armas deba registrarse como vendedor con licencia y cumplir con las obligaciones del sistema formal. La efectividad de esa reforma depende por completo de su reglamentación e implementación, que, a mediados de 2025, seguían incompletas.

completa. Basta con adquirir los componentes por separado, seguir instrucciones básicas y ensamblar la pieza en casa. No hay número de serie, no hay punto de venta, no hay registro alguno. Así opera la siguiente frontera del sistema: las llamadas armas fantasma.

Kits de ensamblaje y armas sin número de serie

En una mañana de junio de 2015, el periodista Andy Greenberg se propuso una tarea que, hasta entonces, parecía reservada a expertos en armas o ingenieros mecánicos: construir un fusil AR-15 en casa, sin número de serie, sin registro y sin infringir la ley. No tenía experiencia previa, tampoco entrenamiento técnico. Su equipo consistía en una pequeña fresadora CNC del tamaño de un microondas, un bloque de aluminio comprado por 80 dólares, un kit de partes sueltas y un manual descargado de internet.

El proceso fue lento, torpe por momentos, pero exitoso. Seis horas después, tenía en sus manos un rifle completamente funcional. No lo había comprado. Lo había fabricado.[62]

"Lo llaman *ghost gun*", escribió Greenberg en su crónica para *Wired*, "porque es un rifle inrastreable que existe fuera del conocimiento de las fuerzas del orden". Nadie le pidió una identificación, nadie le preguntó para qué lo quería. Tampoco necesitó un permiso especial: el componente central del arma, el *lower receiver*, había llegado en una versión inacabada, lo suficientemente cruda como para no ser clasificada legalmente como un arma de fuego. Todo lo que vino después ocurrió en el silencio de su taller, sin dejar huella.

El experimento puso en evidencia una fisura legal tan amplia como explotada. Si un civil sin preparación puede fabricar un arma con herramientas básicas y sin infringir norma alguna, entonces la frontera entre lo legal y lo ilegal no es un muro, sino una

[62] Andy Greenberg, "I Made an Untraceable AR-15 'Ghost Gun' in My Office—and It Was Easy", *Wired*, 3 de junio de 2015.

rendija deliberada. En el lenguaje del mercado, es simplemente otra forma de acceso. En el lenguaje de la política pública, es un agujero estructural por donde transita la violencia.

* * *

En el mapa de las rutas alternativas del mercado de armas, pocas son tan elusivas y al mismo tiempo tan accesibles como la que conduce al ensamblaje doméstico. No se trata de una vía marginal, sino de un agujero estructural en la arquitectura regulatoria: una zona donde la ley federal deja de aplicar porque, técnicamente, aún no existe un arma. En lugar de adquirir un rifle completo, basta con comprar sus partes sueltas: un receptor incompleto, un kit de herramientas básicas, una guía descargable y, en algunos casos, una impresora 3D. El componente clave suele ser el *lower receiver*, la pieza que conecta y articula el arma, vendido en versiones inacabadas que, por definición legal, aún no constituyen armas de fuego. Estas piezas, conocidas como *80% lowers*, no requieren número de serie ni registro alguno. Una vez ensambladas en casa, dan lugar a lo que se conoce como armas fantasma (*ghost guns*): dispositivos funcionales, sin trazabilidad, imposibles de rastrear. Para el Estado, simplemente no están allí.[63] En esta cartografía, el ensamblaje privado es el atajo perfecto para desaparecer del radar.[64]

[63] En 2022, la ATF reformuló la regulación federal para incluir los kits de ensamblaje y ciertos receptores incompletos dentro de la definición legal de arma de fuego. A partir de esa modificación, los vendedores están obligados a colocar números de serie en los componentes esenciales y a realizar verificaciones de antecedentes antes de concretar una venta. El objetivo fue cerrar uno de los vacíos normativos más evidentes del sistema. Aunque la norma fue validada por la Corte Suprema en 2025, su aplicación sigue siendo dispareja y su continuidad dependerá del contexto político de los próximos años. Lamentablemente, las perspectivas no son positivas.

[64] Everytown for Gun Safety dedicó un informe entero al problema de las armas fantasma, describiéndolas como "la amenaza de seguridad pública que crece más rápido" y denunciando el uso de impresoras 3D y kits adquiridos en línea. Véase

Durante años, la circulación de armas fantasma fue tratada como una rareza: una práctica artesanal de entusiastas que modificaban piezas por *hobby* o interés técnico. Pero hacia finales de la década de 2010 el fenómeno adquirió otra dimensión. Entre 2017 y 2021, la ATF reportó un aumento de más del 1 000% en el número de armas sin número de serie recuperadas en escenas del crimen. Tan solo en 2021, se contabilizaron cerca de 20 000 unidades incautadas por cuerpos policiales en Estados Unidos. La mayoría fueron ensambladas a partir de kits comprados legalmente y enviados por paquetería. Su presencia dejó de ser marginal: empezaron a aparecer en tiroteos escolares, ataques a policías, ajustes de cuentas entre pandillas y decomisos a redes criminales con capacidad de fuego alto. El patrón era claro: se trataba de armas nuevas, pero invisibles; legales en su origen, pero ilegales en su uso. La respuesta institucional fue lenta y fragmentaria. Mientras algunas fiscalías locales intentaban frenar la venta de kits, otras no contaban ni siquiera con mecanismos para identificarlos. A nivel federal, las primeras regulaciones efectivas no llegaron sino hasta 2022, y su implementación ha sido parcial y vulnerable a litigios.

Las armas fantasma no solo representan un desafío nacional. Su carácter no rastreable las convierte en una herramienta ideal para el crimen organizado, incluida su exportación ilegal. Diversos reportes de autoridades mexicanas han documentado la presencia creciente de este tipo de armamento en aseguramientos realizados a grupos criminales en la frontera norte y zonas de alta conflictividad. Aunque la trazabilidad es, por definición, casi imposible, los patrones de ensamblaje, los modelos y la calidad de los componentes permiten establecer conexiones con el mercado estadounidense de kits y piezas sueltas. Para quienes trafican armas hacia México, estas representan una solución perfecta: no tienen número de serie, no generan alertas, no comprometen al vendedor y pueden cruzar la frontera desmontadas, ocultas entre piezas de maquinaria o equipos

---

Everytown for Gun Safety, "Untraceable: The Rising Specter of Ghost Guns", 14 de mayo de 2020.

electrónicos. Se trata de armas que eluden no solo la regulación, sino la propia lógica del rastreo forense. En la cartografía de los agujeros del sistema, las armas fantasma no son solo una ruta: son la manifestación más pura de un modelo deliberado de desregulación.

Legados armados: la ruta sin control

Hay un último conjunto de transacciones que, sin ser clandestinas, escapan por completo de los mecanismos de control institucional: los préstamos, las herencias y los regalos. Estas formas de transferencia no requieren verificación de antecedentes ni registro ante autoridad alguna. La ley federal no exige que quien recibe un arma como obsequio o legado sea sometido a ningún tipo de revisión, siempre que la operación no implique pago ni ánimo de lucro. Tampoco existe una obligación general de reportar el cambio de propietario. En la práctica, esto significa que una pistola puede pasar de padre a hijo, de amigo a amigo o de pareja a pareja sin dejar ninguna huella documental. En términos legales, no ha ocurrido una "venta". En términos prácticos, ha cambiado la titularidad de un arma sin que el Estado se entere.

Este tipo de transferencias, por su informalidad, plantean riesgos concretos y frecuentes. En situaciones de violencia doméstica, por ejemplo, es común que las armas regaladas o prestadas terminen siendo utilizadas contra la familia. Lo mismo ocurre en contextos de salud mental: en muchos suicidios, el arma no fue comprada, sino facilitada por un familiar o conviviente. Al no requerir evaluación de antecedentes ni restricciones temporales, el mercado secundario opera como una vía de acceso sin filtros en momentos críticos. También representa una puerta abierta para que menores, personas con prohibiciones legales o terceros con intenciones criminales entren en posesión de armamento sin levantar ninguna alerta. En conjunto, estos mecanismos constituyen una zona gris completamente normalizada dentro del ecosistema legal estadounidense.

En el plano internacional, el mercado secundario también facilita desvíos hacia el crimen organizado. Una parte de las armas recuperadas en México tras eventos violentos provienen, según rastreos oficiales, de operaciones no comerciales en Estados Unidos: herencias sin documentación, préstamos entre conocidos o regalos entre miembros de redes familiares. Estos canales, al no generar ningún registro, dificultan los esfuerzos de trazabilidad y permiten que las armas crucen la frontera sin que nadie pueda determinar con certeza en qué momento abandonaron el mercado legal. Se trata de un tipo de tráfico que no requiere intermediarios profesionales ni redes sofisticadas: basta con que un arma cambie de manos en silencio y que el receptor cruce con ella hacia el sur. Esta es quizá la forma más inadvertida —y por eso más peligrosa— de circulación armada.

La arquitectura de la permisibilidad

En el sistema estadounidense de armas de fuego, el marco legal parece ofrecer un conjunto claro de reglas: verificación de antecedentes, registros formales, listas de exclusión. Pero esa arquitectura es ilusoria. Lo que este capítulo ha mostrado es que existe una red paralela —amparada por la ley o tolerada por su omisión— donde el acceso a las armas no depende de controles estatales, sino de la voluntad individual. Ferias sin supervisión, plataformas en línea sin filtros, kits que permiten ensamblar un rifle en casa, herencias transmitidas sin rastro: expresiones coherentes de un modelo profundamente desregulado.

El problema es estructural. Es la consecuencia de una concepción del derecho a portar armas donde la regulación no es un deber del Estado, sino un obstáculo que debe sortearse. Esa lógica ha permitido la expansión de un mercado legal que se comporta como si fuera informal, y de un mercado informal que actúa con total legalidad. El resultado es un sistema que no falla: funciona exactamente como fue diseñado. Y en ese funcionamiento, las consecuencias no son difusas. Son medibles en las cifras de violencia doméstica, en los suicidios con armas prestadas, en los rifles sin número de serie incautados en México.

En la cartografía trazada a lo largo de este capítulo, los vacíos no son accidentes. Son rutas. Legalmente posibles, socialmente aceptadas, políticamente sostenidas. En el país con más armas del mundo, el control no está en manos del Estado. Está, casi siempre, en manos de quien dispara.

Comprender cómo fue posible construir un sistema así exige mirar atrás. Las formas actuales del mercado no surgieron por generación espontánea; son el resultado acumulado de decisiones legislativas, omisiones deliberadas y derrotas políticas. Los vacíos que hoy parecen estructurales no siempre existieron. Son producto de una historia precisa, con fechas, actores y momentos de inflexión. A partir del siguiente capítulo, comenzamos a recorrer esa historia. El punto de partida es la década de los noventa: una época marcada por intentos serios de regulación, pero también por las primeras señales del desmantelamiento que vendría después.

3

Frente a los tiros, regulación

El 13 de julio de 2024, en Butler, Pensilvania, el mundo se acercó al abismo.

Esa tarde, una bala disparada desde un fusil semiautomático AR-15 —el arma fetiche de las masacres estadounidenses— rozó la oreja derecha de Donald Trump. Un leve giro de cuello, un gesto casi involuntario del entonces candidato republicano —hoy presidente— bastó para evitar el magnicidio. Medio segundo de diferencia, y la historia —quizás la geopolítica del siglo— habría tomado otro rumbo. El tirador, Matthew Crooks, no falló por falta de puntería. Erró porque el azar, caprichoso como siempre, decidió que tenía otros planes para el planeta.

Minutos después del disparo, las cadenas de televisión se lanzaron con frenesí a buscar precedentes. El más citado —inevitablemente— fue el asesinato de John F. Kennedy: Dallas, 1963, el presidente abatido a plena luz del día. Un caso nunca del todo aclarado.

Pocos, muy pocos, recordaron, sin embargo, a John Hinckley Jr. Tampoco aquel lunes gris de marzo de 1981, cuando una bala calibre 0.22 entró por la axila de Ronald Reagan y se detuvo a tres centímetros de su corazón. Otra vez, como ahora, el planeta había estado a un pestañeo de cambiar para siempre.

Thomas Matthew Crooks no robó el arma con la que intentó asesinar a Donald Trump. No la consiguió en el mercado negro ni recurrió a una red criminal. La obtuvo de la manera más banal posible: se la compró a su padre. Un rifle estilo AR-15, modelo

DPMS Panther, calibre 5.56, perfectamente funcional y perfectamente registrado. A nombre del padre. La transacción ocurrió en Pensilvania, un estado donde las leyes permiten que la venta de armas largas entre particulares se realice sin verificación de antecedentes ni notificación a autoridad alguna.

No hubo *red flags*. No hubo alarmas. No hubo preguntas. En ese estado —como en buena parte de Estados Unidos— un joven de 20 años puede adquirir un rifle semiautomático sin que nadie verifique si tiene antecedentes, si ha publicado amenazas, si ha comprado municiones en serie, si ha dado señales de desequilibrio. El Estado simplemente no pregunta.

Crooks fue el sistema funcionando a la perfección. No una anomalía. Un sistema que garantiza acceso masivo a armas de guerra, pero no evaluaciones básicas sobre quién las adquiere. Un sistema que, en nombre de la libertad individual, renuncia a la prevención colectiva. Un sistema que considera más grave registrar un arma que perder a un presidente.

La locura de Hinckley: un disparo por amor

El tiempo borra todo, incluso la memoria. Pero a principios de los noventa, en Estados Unidos, nadie había olvidado la cara regordeta de John Hinckley Jr. Todos conocían su historia, sus desvaríos, su enfermedad. Su imagen no se desvanecía: persistía como un emblema oscuro de la locura armada, un recordatorio incómodo de que en ese país basta con perder la cabeza y tener un revólver para merecer una página en la historia.

Hinckley era —para cualquier estándar clínico o cultural— el epítome del delirio. Desde muy joven había sido diagnosticado con un trastorno de personalidad. Callado, retraído, inadaptado. Hacia principios de los años ochenta, con apenas 23 años, afirmaba estar enamorado de Jodie Foster. Era tan solo la superficie.

Nuestro personaje había visto *Taxi Driver* al menos 15 veces. La obra maestra de Martin Scorsese —con su Palma de Oro en Cannes y sus cuatro nominaciones al Óscar— no era solo una película: para Hinckley era una guía espiritual.

El relato es complejo. La película narra la relación entre una adolescente prostituta, Iris (Jodie Foster), y Travis Bickle, un antiguo *marine* perturbado, encarnado magistralmente por Robert De Niro. Al principio, Bickle ve en Iris un objeto sexual. Pero con el tiempo comienza a sentirse responsable de su situación. Se vuelve su protector, una suerte de padre artificial que decide enfrentarse al grupo de proxenetas que la explotan.

Hinckley se vio reflejado en Bickle. No lo imitó: lo encarnó. Convirtió una ficción en programa de vida. Decidió que su destino era proteger a Jodie Foster —quien tenía apenas 13 años cuando filmó la película— del mundo real. Él sería su taxista redentor.

La locura tiene formas extrañas de manifestarse.

Hinckley, completamente obsesionado, empezó a recopilar información sobre ella. Vio cada una de sus películas, estudió a sus coprotagonistas, revisó horarios de rodaje.

Cuando se enteró de que Foster empezó a estudiar en Yale, él se mudó cerca. En el campus, la seguía a todos lados. Cambió su ropa: ahora vestía como Bickle (camiseta blanca, chaqueta verde militar, lentes de aviador). Le enviaba cartas, regalos, poemas. Ella, por supuesto, no respondió. Para entonces, Foster ya era una estrella. Él, apenas un joven obeso, miope, sin carisma ni rumbo.

Un acto desesperado era necesario. Algo que lo pusiera en el radar de la actriz. Que su nombre saliera en los periódicos. Por las buenas o por las malas. Que Hollywood, Yale y el mundo entero supieran de su existencia.

Bickle había fantaseado con matar a un senador. Hinckley siguió el mismo camino. Barajó opciones: secuestrar un avión, suicidarse en público, hacer algo inolvidable. Pero todo le parecía poco. Todo le sabía a nada.

Entonces llegó la epifanía: había que matar al presidente de Estados Unidos.

* * *

El primer objetivo fue Jimmy Carter. Terminaba el verano de 1980. El presidente demócrata aún soñaba con la reelección. Hinckley lo siguió por varias ciudades. Estudió su agenda, movimientos y discursos. El 2 de octubre, en un mitin en Dayton, Ohio, logró acercarse a solo un par de metros del mandatario. No se atrevió a disparar. Algo —una fuerza inexplicable— le impidió sacar el revólver del bolsillo.

Un par de días después, Hinckley fue detenido en el aeropuerto de Nashville con tres pistolas en su equipaje. Las había comprado legalmente. Sin preguntas. *No questions asked*. La policía las confiscó. Hinckley pagó una multa de 62 dólares con 50 centavos.

Increíblemente, el hombre que había estado a punto de matar al presidente de Estados Unidos salía libre de la comisaría. Podía volver a casa.

Como era previsible, Hinckley volvió a la carga. Hacia finales de octubre de 1980, era claro que Carter perdería las elecciones. No tenía demasiado sentido asesinar a un expresidente derrotado. ¿A quién le importaría? A Foster no, por supuesto. La estrella emergente era Reagan. La elección del 4 de noviembre solo confirmó los hechos: 489 votos electorales contra 49. La diana estaba puesta.

El 13 de marzo de 1981, con dinero regalado por su padre, Hinckley compró un revólver calibre 0.22 en una tienda de empeños en Dallas, Texas. Le costó 29 dólares con 50 centavos. Fue caro: en otros lugares de Estados Unidos, un arma similar podía conseguirse entre 10 y 15 dólares.[1] A cambio, comprar armas en Texas tenía una ventaja. Como hoy, en ese estado era suficiente con mostrar una identificación. La compra era inmediata. Nadie se detuvo a pensar quién era ese tipo de mirada perdida.

A principios de los años ochenta, se estimaba que en Estados Unidos circulaban entre 40 millones y 70 millones de armas de fuego. Era solo un cálculo aproximado: en ese país no existía —ni existe— un registro nacional. Lo que sí se sabía era esto: cada año

[1] Pete Shields, *Guns Don't Die, People Do* (Nueva York: Arbor House, 1981), 46.

se producían dos millones y medio más, y, en algún punto del mapa, una nueva pistola se vendía cada 13 segundos.[2]

Hinckley era uno entre millones. ¿Por qué habrían de reparar en él?

* * *

Tras comprar el arma, Hinckley regresó a Washington.

El 30 de marzo de 1981 desayunó en un McDonald's, hojeó el periódico y leyó que esa noche se celebrarían los premios Óscar, al otro extremo del país. La sincronía le pareció perfecta: Hollywood miraría a Washington. Jodie Foster no tendría escapatoria. Volvió a su habitación y escribió una carta de cinco páginas. Le pedía que abriera el corazón. Le confesaba que asesinar al presidente era, para él, la única forma de ganarse su respeto, su amor.

Tomó el revólver, salió del hotel. Iba decidido.

En YouTube aún pueden verse las imágenes. Reagan, impecable, saluda a sus simpatizantes en la acera tras una reunión en el Washington Hilton. La tarde es fría. Llovizna. Hay guardaespaldas, periodistas, cámaras. En una de esas cámaras apenas se distingue el revólver. Lo que se escucha, con brutal claridad, son las seis detonaciones.

La primera bala alcanzó al secretario de prensa, James Brady, en la cabeza (este dato será crucial más adelante). La segunda, a un oficial de policía. La tercera rozó la cabeza del presidente y rompió una ventana al otro lado de la calle. La cuarta perforó el abdomen de un agente del Servicio Secreto. La quinta reventó el cristal de la limusina presidencial. La sexta, tras rebotar en la carrocería, entró por la axila izquierda de Reagan y se alojó en su pulmón, a menos de tres centímetros del corazón.

Así de cerca estuvo John Hinckley Jr. de cambiar la historia de Estados Unidos.

Así de fácil fue comprar un arma, escribir una carta y disparar en nombre del amor no correspondido y de una película mal entendida.

[2] Shields, *Guns Don't Die, People Do*, 41.

Así de absurda —y así de letal— es la relación de Estados Unidos con las armas.

* * *

En julio de 2024, Trump se salvó de una muerte segura por un giro de cuello involuntario. En marzo de 1981, tres centímetros impidieron que una bala se internara en el corazón de Reagan. Ambos intentos de magnicidio comparten muchas cosas. La más obvia, sin embargo, es esta: las armas fueron compradas de manera legal.

John Hinckley compró su revólver en una casa de empeño en Texas, con su nombre, su identificación y sin mayores obstáculos. Nadie preguntó por qué un joven errático, con historial psiquiátrico y una fijación enfermiza con una actriz quería un arma. Thomas Matthew Crooks no hizo nada distinto: adquirió su rifle semiautomático de manos de su propio padre, en una transacción privada que no requería registro ni verificación alguna.

Cuarenta años separan a uno del otro. Nada cambió. Dos hombres con perfiles frágiles, impulsados por delirios distintos, pero unidos por un mismo hilo: ambos compraron legalmente el arma con la que intentaron asesinar a un presidente de Estados Unidos.

Acaso sea necesario repetirlo: 40 años separan a uno del otro.

Brady: de víctima a símbolo

El lunes 30 de marzo de 1981 no hubo ceremonia de los premios Óscar.

Hinckley logró su objetivo: el país entero volvió la mirada hacia él. Con todo, el fallido asesino no cambió la historia de Estados Unidos ni logró que Foster reparara en el muchacho perturbado. Lo que sí cambió fue la vida de James Brady, el jefe de prensa de la Casa Blanca.

La primera bala que disparó Hinckley atravesó el espacio entre su ojo izquierdo y el cerebro. Destrozó su cavidad craneal, pero no logró matarlo. Tenía 40 años.

Mientras los medios se centraban en la evolución favorable de Reagan y en la historia increíble de Hinckley —quien fue arrestado de inmediato—, Brady se debatía entre la vida y la muerte en el Hospital de la Universidad George Washington. Pasó allí nueve meses.

Cuando por fin salió del hospital, no quedaban dudas: su vida sería otra a partir de entonces. La bala había afectado el hemisferio derecho del cerebro. Perdió la movilidad. Nunca volvió a caminar. Con el tiempo logró hablar de nuevo, pero solo de forma torpe y lenta. Además, el daño neurológico le impedía retener recuerdos de corto plazo.

Lo peor, sin embargo, fue el dolor. Nunca más volvió a sentir alivio.

Brady perdió su vida anterior, pero ganó una causa.

El atentado lo convirtió, junto con su esposa Sarah, en activista de tiempo completo.

En lugar de enfocar su energía en Hinckley y su locura, James y Sarah eligieron otro blanco: uno estructural, más incómodo, más urgente.

El problema no era Hinckley. No era, como sostenían algunos republicanos, la ausencia de un guardaespaldas más veloz o de un terapeuta más convincente. No. Para los Brady, el problema —el problema central— era que alguien como Hinckley pudiera comprar un revólver por 29 dólares y sin mayor complicación.

* * *

Lo dijo Brady en una entrevista, sin rodeos: "Yo no estaría en esta maldita silla de ruedas si tuviéramos legislaciones con sentido común".[3]

El sentido común. Legislaciones con sentido común.

Mientras acompañaba a su esposo por clínicas, hospitales y salas de terapia, Sarah Brady se convencía, cada día más, de la urgencia de

---

[3] James Barron, "Taking a Bullet, Gaining a Cause: James S. Brady Dies at 73", *The New York Times*, 4 de agosto de 2014.

regular el acceso a las armas. Leía compulsivamente. Se formaba. Se preparaba. Pero su verdadera conversión no vino del Congreso ni de los libros. Vino del lugar más inesperado. Del más aterrador.

Fue en 1985, cuatro años después del atentado. Sarah descansaba en el jardín de su casa, en Illinois, cuando vio a lo lejos a su hijo Scott —cinco años apenas— subirse a la camioneta de un amigo de la familia. El niño se inclinó, tomó algo del asiento y, sonriendo, lo apuntó hacia ella. Un juego inocente.

Molesta, Sarah lo reprendió: "¡No lo hagas. Nunca apuntes a nadie con una pistola, aunque sea de juguete!".

Al acercarse, el gesto se le congeló. Lo que Scott sostenía no era un juguete. Era un revólver calibre 0.22. Cargado. El mismo tipo de arma que había destrozado el cráneo de su esposo.

Ese instante lo cambió todo. No fue el disparo en la cabeza de Jim lo que la convirtió en activista. No fue Hinckley, ni Reagan, ni la silla de ruedas. Fue su hijo. Fue esa imagen brutal: un niño con un arma en la mano, sonriendo sin saber que jugaba con la muerte.[4]

Una guerra desigual

¿Cómo era posible que, a principios de los años ochenta, en Estados Unidos ocurrieran —en promedio— más de 10 000 asesinatos con armas de fuego al año, y en todo Canadá apenas 60? ¿Cómo explicar que, mientras en Nueva York se registraban más de 900 homicidios armados por año, en toda la zona metropolitana de Toronto —con más de dos millones de habitantes— apenas se contaran cuatro? ¿Cómo entender que, per cápita, Estados Unidos tuviera casi 20 veces más homicidios que su vecino del norte?[5]

---

[4] El relato lo tomo de Wayne King, "Sarah and James Brady; Target: The Gun Lobby", *The New York Times*, 9 de diciembre de 1990.

[5] Véase Martin L. Friedland, *My Life in Crime and Other Academic Adventures* (Toronto: University of Toronto Press, 2007), 228. Aquí se hace paráfrasis de un artículo original escrito por Friedland ("The Gun in Canada") publicado en abril de 1981.

La respuesta no estaba en la cultura, ni en la demografía, ni en el clima. Estaba —y sigue estando— en las armas.

Sarah lo tenía claro. Pasó del rechazo silencioso a una oposición feroz. La voz y la imagen de James Brady eran demasiado potentes: se trataba del secretario de prensa de la Casa Blanca y de un honorable miembro del Partido Republicano. Sarah, por su parte, era hija de un agente del FBI. La presencia de ambos desafiaba las divisiones partidistas tradicionales.

Un nuevo mundo se abrió para los dos. En su búsqueda por entender —y por incidir—James y Sarah encontraron a Handgun Control, una de las primeras organizaciones dedicadas a combatir el libre acceso a las armas de fuego. Ahí no solo hallaron una causa: encontraron un lenguaje, una red, un camino. La lucha dejaba de ser personal. Se volvía colectiva.[6]

En los años ochenta, sin embargo, la agenda de control de armas apenas comenzaba a tomar forma. Handgun Control era una pequeña organización dirigida por Nelson T. Shields, un exejecutivo de DuPont que había sufrido el asesinato de su hijo Nick, de 23 años. Un grupo de criminales le disparó tres veces por la espalda en abril de 1974. Fue uno de los más de 20 000 asesinados ese año en Estados Unidos.

Su historia, como la de James Brady, estaba cruzada por la tragedia.

Antes del asesinato de su hijo, Shields nunca había reparado en el problema de las armas. Había sido miembro de la NRA, votaba republicano y se consideraba conservador. Antes de la llegada de

---

[6] La organización fue fundada en 1974 con el nombre de Consejo Nacional para el Control de Armas Cortas (National Council to Control Handguns, NCCH). En 2001 adoptó un nuevo nombre: Campaña Brady para Prevenir la Violencia Armada (Brady Campaign to Prevent Gun Violence), en honor a James y Sarah Brady. Hoy, simplemente se la conoce como "Brady". Junto con ella destaca otra agrupación clave en la lucha por el control de armas: la Coalición para Detener la Violencia Armada (Coalition to Stop Gun Violence, CSGV), creada originalmente como Coalición Nacional para la Prohibición de Armas Cortas (National Coalition to Ban Handguns). A diferencia de Brady, la CSGV ha mantenido un perfil más radical en sus propuestas: defiende prohibiciones más amplias y restricciones más severas.

Brady, era la voz más autorizada para hablar del tema. No encajaba en el estereotipo del liberal demócrata. Quizás por eso logró, hasta cierto punto, ganar notoriedad en Washington.

Por entonces, las cosas no eran sencillas. No solo faltaba dinero; tampoco había respaldo popular.[7] A mediados de los setenta, cuando Handgun Control logró sus primeros 5 000 afiliados, la NRA —fundada en 1871— ya tenía 1 850 000 miembros, cada uno pagando una cuota anual de 15 dólares. Con un presupuesto de 30 millones de dólares destinados a "actividades legislativas", el *lobby* proarmas oscurecía cualquier esfuerzo contrario.

Frente al poder abrumador de la NRA, había que echar mano de la imaginación. Y Handgun Control Inc. lo hizo.

Días después del intento de asesinato contra Reagan —y contra Brady—, la organización pagó una serie de anuncios en los principales periódicos del país. La frase, en letras negras sobre fondo blanco, era seca, demoledora: "THE DAY THE PRESIDENT WAS SHOT WAS AN AVERAGE KIND OF DAY".

Debajo, ocupando el resto de la página, aparecían los nombres de otros 50 estadounidenses asesinados con armas de fuego ese mismo 30 de marzo de 1981. Ni famosos ni presidentes. Solo ciudadanos. Solo muertos.

Cada mes, Handgun Control difundía un listado con los nombres de las víctimas más recientes. Imitaban los partes militares del gobierno durante la guerra de Vietnam. No era un accidente. El mensaje era claro: Estados Unidos estaba en guerra. Solo que esta vez la guerra era consigo mismo.

Y, como toda guerra, esta también debía detenerse.

Los hechos —los simples hechos— estaban de su lado. Entre 1966 y 1972, los años más duros del conflicto en Vietnam, murieron 42 300 soldados estadounidenses en combate. En ese mismo periodo, las armas de fuego mataron a más de 52 000 personas dentro de Estados Unidos.[8]

---

[7] Shields, *Guns Don't Die, People Do*, 119.

[8] Shields, *Guns Don't Die, People Do*, 35.

La comparación no era absurda. Era exacta. También era insoportable.

* * *

En 1985, Sarah Brady se unió formalmente a Handgun Control. Poco después, asumió el liderazgo. Y lo transformó todo. Revitalizó una organización que hasta entonces operaba a media máquina. Le dio estructura, visión, agenda. La volvió nacional.

A comienzos de los años noventa, Handgun Control ya tenía presencia en todo el país, un millón de simpatizantes (aunque solo una cuarta parte eran miembros activos) y un presupuesto de 6.5 millones de dólares. Desde una oficina amplia y visible, en el corazón de Washington, dirigía su ofensiva legislativa con precisión quirúrgica.[9]

Cuando los congresistas la veían en los pasillos del Capitolio, se tensaban. Sabían quién era. Sabían lo que traía. Sarah no gritaba, no amenazaba, no presionaba con furia. Convencía con datos, con testimonios, con el peso de una vida rota y reconstruida en torno a una causa.[10]

Incluso antes de que los Brady se sumaran a la causa, el proyecto de Handgun Control ya estaba trazado con claridad: un sistema nacional de verificación de antecedentes. Nada más. Nada menos.

En otras palabras: que las autoridades pudieran revisar el historial judicial y médico de cualquier persona interesada en comprar un arma de fuego. Nada más —y nada menos— que sentido común. Porque, aunque la ley prohibía la venta de armas a delincuentes, fugitivos o personas con enfermedades mentales, no existía ningún mecanismo real para comprobarlo. El sistema estadounidense se basaba, en esencia, en la palabra de honor del comprador.

---

[9] Michael Isikoff, "The Brady Bill: Success and Growing Pains", *The Washington Post*, 30 de mayo de 1991.

[10] Baso estas líneas en Barbara Gamarekian, "Fighting the Fight on Gun Control: Sarah Brady", *The New York Times*, 11 de febrero de 1987.

No había un sistema federal obligatorio de verificación. No existía una base de datos unificada entre autoridades estatales y vendedores. Solo un formulario. Una hoja que el vendedor archivaba, como un simple recibo:

—¿Eres fugitivo de la justicia?

—No.

—Toma tu arma.

—¿Tienes historial de problemas de salud mental?

—No.

—Perfecto, aquí está tu arma.

En esencia, era un sistema tan absurdo que solo podía sostenerse por costumbre o negligencia.

Cinco días para evitar una tragedia

Handgun Control lo denunció durante años. Pero los fracasos legislativos se acumulaban.[11] Uno tras otro. En el Congreso, el sentido común siempre llegaba tarde. O no llegaba.

Bajo el liderazgo de Sarah, la prioridad fue clara: aprobar un sistema federal de verificación de antecedentes para compradores de armas. Con el tiempo, esa iniciativa llevaría el nombre de su esposo: la Ley Brady.

La idea no era nueva ni radical. El procedimiento propuesto era casi burocrático: el vendedor debía entregar a las autoridades locales una copia de la declaración jurada del comprador. Estas tendrían un

---

[11] El fracaso más sonado llegó en 1975: la propuesta Kennedy-Rodino. Presentada en el Congreso como una respuesta razonable al descontrol armamentista, el proyecto incluía tres medidas básicas: licencias obligatorias para la compra y posesión de armas, la creación de un registro nacional y el esbozo de un sistema federal de verificación de antecedentes. Era, en esencia, una arquitectura mínima para regular lo que ya era una epidemia. Pero se topó con el muro de siempre: la NRA. Con una campaña feroz —alimentada por miedo, desinformación y cheques bien colocados— logró hundir la iniciativa antes siquiera de que se discutiera a fondo. El proyecto Kennedy-Rodino fue desechado sin gloria, sin debate público y sin consecuencias políticas.

máximo de siete días para verificar si existía algún impedimento legal. Si no lo había, el comprador regresaba al mostrador y se llevaba su arma. Lo dicho: puro sentido común.

Pero incluso esa medida básica encontró un muro.

Increíblemente, durante los ocho años de gobierno de Ronald Reagan —un hombre que estuvo a centímetros de morir por una bala de revólver— la propuesta avanzó poco o nada.[12] Al presidente, entonces aún miembro de la NRA, no pareció importarle que un proyectil casi le explotara el corazón. Ni que su jefe de prensa, James Brady, jamás volviera a caminar.

* * *

Entre 1988 y 1993, la Ley Brady fue sometida a votación ocho veces en el Congreso.[13] Ocho. Cada intento seguía el mismo guion: cuando lograba avanzar en una cámara, era rechazada en la otra. Cuando, por fin, parecía haber un acuerdo entre ambas, el presidente amenazaba con el veto. Siempre se abría una salida de emergencia para desterrar el proyecto.

En el fondo, el verdadero obstáculo tenía nombre: la NRA. Su maquinaria política era implacable. La presión sobre los legisladores, asfixiante. Argumentaban que un sistema de verificación de antecedentes era el primer paso hacia el desarme total. Que era una amenaza directa contra la libertad individual. Y lo decían con fuerza: con millones de dólares, decenas de cabilderos y una narrativa tan simple como eficaz.[14]

---

[12] Aunque James Brady permaneció como asesor presidencial, Ronald Reagan nunca respaldó sus posiciones sobre el control de armas durante su mandato. Nunca lo acompañó en público, nunca se sumó a la causa que llevaba su nombre. Recién en 1991 —una década después del atentado, ya fuera del poder, sin cargos ni compromisos partidistas— Reagan cambió de opinión. Ese año, en el aniversario del disparo que casi lo mata, publicó una columna en *The New York Times* donde expresó su apoyo a la Ley Brady. Véase Ronald Reagan, "Why I'm for the Brady Bill", *The New York Times*, 29 de marzo de 1991.

[13] Robert J. Spitzer, *The Politics of Gun Control* (Oxford: Routledge, 2023), 227.

[14] En 1986, la NRA logró una de sus mayores victorias legislativas. Ese año se aprobó la Ley de Protección de Propietarios de Armas de Fuego (Firearm Owners'

Tuvieron que acumularse demasiadas tragedias —y tuvo que llegar Bill Clinton a la presidencia— para que, por fin, las cosas comenzaran a moverse.

* * *

A principios de los años noventa, todos en Estados Unidos sabían quién era Patrick Edward Purdy.[15] En él se condensaban todas las fallas del sistema: abandono, violencia, negligencia institucional. Era una mezcla trágica de sufrimiento y maldad. Rara vez el sistema se ensaña tanto con una sola persona.

Nació en 1964. Hijo de un padre alcohólico y una madre abusiva. Se divorciaron cuando Patrick tenía dos años. Su infancia fue un infierno: violencia cotidiana, encierros forzados, negligencia. Según reportes judiciales, su madre lo encerraba por horas en armarios. A los 10, ya había sido golpeado repetidamente por ambos. A los 12, fue expulsado de casa. Vagó por hogares temporales. A los 13 empezó a robar. La policía le confiscó pistolas de aire comprimido. A los 15, su primer arresto. A los 16, el segundo. A los 17, el tercero.

Entre 1980 y 1988 fue detenido seis veces. Su historial incluía incitación a la prostitución, robo, violencia doméstica, posesión ilegal de armas, vandalismo y uso de pirotecnia prohibida.

Protection Act, FOPA), también conocida como Ley McClure-Volkmer. Bajo el argumento de proteger los derechos de los propietarios de armas, la FOPA redujo de forma significativa las facultades del gobierno federal para regular su comercio y posesión. En los hechos, desmanteló partes clave de la Ley de Control de Armas de 1968: la legislación más ambiciosa que Estados Unidos había aprobado hasta entonces sobre el tema. La ley limitó las inspecciones a los vendedores de armas, flexibilizó las condiciones para el transporte interestatal y, sobre todo, prohibió que el gobierno federal creara un registro centralizado de armas o de sus compradores. Véase Steven V. Roberts, "Senate Votes Sweeping Bill to Loosen Control of Guns", *The New York Times*, 10 de julio de 1985.

[15] Este perfil está basado en Robert Reinhold, "Killer Depicted as Loner Full of Hate", *The New York Times*, 20 de enero de 1989.

A los 20 años, pasó un mes en prisión. A los 22, destrozó el auto de su madre cuando ella se negó a darle dinero para comprar drogas.

A los 24, Patrick Purdy se convirtió en el autor de una de las primeras masacres escolares cubiertas por la televisión en Estados Unidos: el tiroteo en Stockton.

Ocurrió el 17 de enero de 1989.

Faltaban 20 minutos para el mediodía cuando Patrick Purdy estacionó su viejo Chevrolet Caprice detrás de la Escuela Primaria Cleveland, en Stockton, California. Años atrás, había sido su alumno.

Dentro del auto había colocado dos contenedores de gasolina y un cóctel molotov. Los encendió antes de caminar hacia el edificio. Fuego, humo, caos. Una distracción perfecta.

Era hora del recreo. Más de 300 niños jugaban en el patio.

Mientras profesores y alumnos observaban el auto en llamas, Purdy —con chaleco antibalas y chaqueta de camuflaje— se posicionó detrás de una pared. Llevaba un fusil automático Norinco 56S, versión china del AK-47. Le había añadido una bayoneta.

Apuntó. Y disparó. De izquierda a derecha. Discriminando rostros en perfecto orden.

Purdy se fijó en los niños de rasgos asiáticos. La escuela tenía una alta concentración de estudiantes refugiados: vietnamitas, laosianos, camboyanos. Muchos de ellos hijos de familias que habían huido de la guerra, del genocidio, del exilio.

Para Purdy —como para otros xenófobos— ellos eran la invasión. Una amenaza demográfica. Una carga para el país. "Robaban empleos", decía.

Había que detenerlos.[16]

Su delirio era errático, sin lógica ni coherencia. En la culata del arma había grabado las palabras "Freedom", "Victory", "Earthman", "Hezbollah". En el chaleco, alusiones a combatientes libios y palestinos.

[16] Esta sección está basada en Jay Mathews, "Gunman Said He Resented Enterprising Inmigrants", *The Washington Post*, 19 de enero de 1989.

Aliados y enemigos, Oriente y Occidente, todos mezclados en una fantasía de odio sin orden y con exceso de locura.

Su obra duró exactamente tres minutos: 180 segundos. Suficientes para disparar 106 balas, asesinar a cinco niños y herir a 30 personas más, entre ellas un maestro.Los cinco niños muertos eran todos hijos de refugiados: tres de Vietnam, uno de Camboya, otro de Laos.

Después, Purdy se suicidó.

* * *

En los medios, la masacre fue omnipresente. No se trataba ya de estadísticas, sino de imágenes. De un patio escolar convertido en zona de guerra. De un crimen que, a diferencia de tantos otros, tenía testigos vivos y cámaras encendidas.

De inmediato, la pregunta surgió: ¿cómo logró Patrick Purdy comprar el rifle de asalto que usó en Stockton? La cuestión recorrió los noticieros, los editoriales, los pasillos del Congreso.

Y la respuesta fue, al mismo tiempo, bestial y banal: porque la ley lo permite.

La escena la pudo reconstruir la policía sin mayor dificultad: en agosto de 1988, cinco meses antes de la masacre, Purdy entró a Hunter's Outpost, una tienda de armas en Sandy, Oregón.

Una hora después, salió de ahí con su fusil Norinco 56S —una versión del AK-47—, varios cargadores de alta capacidad y 1 000 cartuchos de munición. Todo legal. Todo documentado. Todo conforme al reglamento.

No necesitó ocultar nada. Solo presentar una identificación válida.

Tenía un historial largo: arrestos por posesión ilegal de armas, robo, consumo de drogas, violencia doméstica. Pero nunca fue condenado por un delito grave. Y nunca, a pesar de haber sido evaluado psicológicamente varias veces, fue declarado "mentalmente incompetente" por un tribunal.

Eso fue suficiente. En 1988, en Estados Unidos, uno podía tener un expediente lleno de alertas rojas, pero si ninguna tenía el sello jurídico correcto, el sistema no hacía nada. No veía.

La masacre de Stockton fue tragedia y ruptura. Cinco niños asesinados en una escuela primaria, a plena luz del día, con un fusil de asalto y frente a cientos de testigos. El horror tenía rostro infantil, acento extranjero y cobertura televisiva en tiempo real. Era imposible mirar hacia otro lado.

La reacción fue inmediata. Y quizás —por primera vez— políticamente significativa. Políticos importantes —incluyendo a George Deukmejian, gobernador republicano de California— entendieron que el costo de no hacer nada era más alto que el de enfrentarse al *lobby* de la NRA. En los días siguientes a la masacre, muchos anunciaron su respaldo a una legislación para prohibir los rifles de asalto en el estado.

En Washington, el Congreso volvió a hablar de control de armas. Esta vez no por una ola de crímenes en el Bronx o en Chicago, sino por una escena que desarmaba cualquier argumento: un niño con la mochila rota, tendido en el suelo de una escuela pública. El país, aunque fuera por un momento, se detuvo.

Para el movimiento por el control de armas, Stockton fue, paradójicamente, un respiro. En pocos meses, Handgun Control multiplicó sus afiliaciones. Sarah y James Brady regresaron al centro de la escena pública con una fuerza renovada. Ya no hablaban solo de regulación: hablaban de urgencia.

Lamentablemente, para lo peor no hay límites. Siempre es posible ir más a fondo.

* * *

En el otoño de 1991 comenzaban a perfilarse los candidatos demócratas para las primarias del año siguiente. Bill Clinton ya despuntaba como favorito, aunque pocos creían que pudiera ganarle a George H. W. Bush la presidencia.

Y entonces, como si la realidad se empeñara en reactivar el debate sobre armas tras la masacre de Stockton, volvió a aparecer la violencia. Volvió a hablar el plomo.

El 16 de octubre de 1991 ocurrió el que, por muchos años, sería el tiroteo más letal en la historia contemporánea de Estados Unidos: la masacre de Luby's.

Sucedió en Killeen, un suburbio al norte de Austin, Texas. George Hennard, desempleado de 35 años, estrelló su camioneta pickup contra el ventanal de vidrio de la cafetería Luby's, una de las más concurridas de la ciudad.

Era la hora del almuerzo, 12:39 p. m. Había unas 150 personas dentro. El impacto fue seco, metálico. Muchos pensaron que se trataba de un accidente. ¿Qué más podía ser?

Nadie imaginó que del vehículo saldría un hombre armado, con una pistola en cada mano, gritando insultos. Gritando contra las mujeres. Hennard las odiaba.

Disparó durante 14 minutos. Alcanzó a herir a más de 50 personas antes de suicidarse. Se ensañó con las mujeres. "¡Todas las mujeres de Killeen son víboras!", gritó, como si eso lo legitimara.

A dos las llamó "perras" antes de dispararles directo a la cabeza. Otros testigos cuentan cómo, en los últimos segundos, cuando la policía apretaba y el tiempo se acababa, Hennard comenzó a rematar únicamente los cuerpos de mujeres que todavía sollozaban.

Al final logró asesinar a 23 personas; 14 eran mujeres.

La policía pudo averiguar que ese mismo día, por la mañana, Hennard pasó, como de costumbre, a la tienda de abarrotes donde compraba su desayuno. Sándwich de salchicha, jugo de naranja, barra de dulce, periódico, paquete de donas. La dependiente recuerda que estaba de buen humor. Sonriente incluso.[17] Nadie habría imaginado que, horas después, manejaría a Killeen con el único objetivo de ejecutar su gran acto final.

¿Nadie?

La policía, sí.

El historial de Hennard era largo: abuso de sustancias, antecedentes de violencia, reportes psiquiátricos. Y, sin embargo, a principios de 1991, compró legalmente las dos pistolas que usaría ese día. Nadie preguntó. Otra vez: *no questions asked.*[18]

---

[17] El relato lo tomo de Don Terry, "Portrait of Texas Killer: Impatient and Troubled", *The New York Times*, 18 de octubre de 1991.

[18] Durante años, la masacre de Luby's cargó con el título infame del tiroteo más letal en la historia moderna de Estados Unidos. Fue "superado" —si es que un

Republicanos y demócratas respondieron al reto desde trincheras opuestas. Para los primeros, tanto Stockton como Killeen reforzaban una lógica difícil de digerir: si alguno de los comensales en la cafetería o algún profesor en Stockton hubiera estado armado, el asesino "no habría llegado tan lejos".[19] Su conclusión era tan absurda como persistente: lo que hacía falta no era menos armas, sino más. Más armas en más manos. En escuelas, restaurantes, iglesias. El viejo oeste convertido en política pública. La ley del talión elevada a doctrina. La estupidez legislada.

Los demócratas, en cambio, venían insistiendo desde hacía años en otra dirección: una reforma profunda de la política federal de armas de fuego.[20] Más control, más verificación, más responsabilidad. La elección de 1992 tenía que servir como punto de partida. Y nadie mejor que William Jefferson Clinton para encabezar ese esfuerzo.

* * *

horror puede medirse en cifras— 16 años después, en 2007, con la matanza en la Universidad Estatal de Virginia. Allí, un estudiante de literatura inglesa asesinó a 32 personas e hirió a 29 más. Casi todas eran estudiantes. Casi todas tenían entre 18 y 22 años. En los siguientes años, otros sucesos opacarían ambas desgracias.

[19] Carlyle C. Douglas, "Dead: 23 Texans and 1 Anti-Gun Measure", *The New York Times*, 20 de octubre de 1991.

[20] En octubre de 1968, tras una secuencia de magnicidios —John F. Kennedy en 1963, Martin Luther King en abril de 1968 y Robert F. Kennedy en junio de ese mismo año—, el presidente Lyndon B. Johnson impulsó una campaña urgente por la regulación de armas. El resultado fue la Ley de Control de Armas, la primera gran legislación federal sobre armas de fuego en Estados Unidos. Su aprobación marcó el inicio de un nuevo marco legal, luego de décadas de regulación mínima o simbólica. La ley de 1968 fijó la edad mínima de 21 años para la compra de armas, prohibió su adquisición a personas con antecedentes de salud mental o consumo de drogas, y estableció nuevos requerimientos de registro para vendedores. Con todas sus limitaciones, fue el primer intento serio por ordenar el acceso legal a las armas y crear un sistema de control basado en antecedentes y trazabilidad. Ese andamiaje legal no tardó en ser desmantelado: su primera gran modificación llegó en 1986, con la Ley McClure-Volkmer, una contrarreforma liderada por la NRA que estrechó aún más los márgenes del Estado para intervenir.

Durante su paso por la gubernatura de Arkansas, Bill Clinton aprendió la clave más elemental de su carrera política: sobrevivir.

Por más de una década y en dos administraciones diferentes (1979-1981 y 1983-1992) gobernó un estado donde portar un rifle era más importante que ir a misa. En Arkansas, cualquier insinuación de regular las armas podía traducirse en una derrota segura. Clinton lo entendió.

Como buen político pragmático —y en ese aspecto Clinton era el mejor de todos— evitó abrir frentes innecesarios y prefirió nadar con la corriente. En esos años, cuando aún no soñaba con la Casa Blanca, las armas no eran un problema político: eran parte del paisaje, como las iglesias evangélicas o las gasolinerías de carretera. Para crecer en Arkansas había que mantener el silencio. Así era la política entonces. Así sigue siendo hoy.

Todo cambió con la campaña electoral de 1992. Clinton leyó el guion correctamente: la violencia armada no era solo un drama social, sino una oportunidad política. Las escenas ya descritas en este capítulo estremecían a cualquiera con algo de vergüenza: el delirio paranoide de Patrick Edward Purdy, el patio regado de sangre de Stockton, el ventanal roto de la cafetería Luby's, el hilo de voz de Brady. En cada estampa, una ventana al infierno.

Clinton vio en ese horror la posibilidad de posicionarse como el presidente que pusiera orden en el caos, aunque para eso tuviera que declarar la guerra —sí, la guerra— a la NRA. No era un cruzado, pero tampoco un cínico. Su convicción era real: creía que ningún país civilizado podía tolerar que un ciudadano promedio comprara un arma diseñada para un campo de batalla. Pero no se engañaba: sabía que enfrentarse a la industria armamentista era tocar uno de los nervios más inflamados de la política nacional. Lo hizo con bisturí. No habló de prohibición total. Habló de sentido común. De proteger a los niños. De no permitir que el supermercado de la muerte siguiera funcionando sin control. Sin regulación.

La presión social ayudó. Handgun Control y otras organizaciones habían abierto brecha. El trabajo de los Brady y otros héroes anónimos comenzaba a rendir frutos. Entre todos, destacaba, por supuesto, Sarah. Su figura unía, arrastraba. Su autoridad era la de quien había pagado el precio más alto. Clinton entendió su valor y potencia simbólica: una madre de familia blanca, de clase media, hija de un agente del FBI y con un esposo en silla de ruedas. La alianza era inevitable. Su éxito, también.

* * *

El 3 de noviembre de 1992, Bill Clinton ganó las elecciones presidenciales de Estados Unidos. Derrotó con claridad al presidente George H. W. Bush: el nefasto padre del nefasto hijo.

La victoria demócrata puso fin a 12 años ininterrumpidos de gobiernos republicanos y su control casi absoluto de la Casa Blanca desde 1969. Salvo por el breve paréntesis de Jimmy Carter (1977-1981), el Partido Republicano había dictado la política federal durante más de dos décadas. Hasta que llegó Clinton.

Y casi no llega. La historia pudo ser otra.

Afortunadamente para su causa, la economía se desplomó. Entre 1990 y 1991, Estados Unidos entró en recesión durante ocho meses consecutivos. Se perdieron más de un millón y medio de empleos. Con ellos se fue la popularidad de Bush. El presidente que había ganado una guerra no supo cómo ganar la paz.

Fue en ese contexto que la campaña de Clinton acuñó una frase que se volvió leyenda: "It's the economy, stupid". Más que una consigna, era un diagnóstico.

Es verdad que la economía fue la variable fundamental que explica el triunfo de Clinton. No es menos cierto, sin embargo, que el tema de las armas se constituyó en uno de los puntos de quiebre de la campaña. En un país acostumbrado a políticos que esquivan el tema, Clinton eligió enfrentarlo de frente.

Varias veces durante la campaña, Clinton se reunió con Sarah Brady. La mencionó en los debates presidenciales y se preció de tener tanto su respaldo como el de Jim.[21] En público, le prometió que, si ganaba la elección, impulsaría la ley que llevaría el nombre de su esposo. Era la primera vez en mucho tiempo que un candidato

---

[21] Gwen Ifill, "The Democrats; Leading in the Homestretch, Clinton's Campaign Grows More Confident", *The New York Times*, 18 de octubre de 1992.

con posibilidades reales de ganar asumía públicamente una postura prorregulación.[22]

Esa narrativa, sin embargo, necesitaba votos. En su campaña, Clinton, hábil como pocos, fue a buscarlos donde estaban: en los suburbios blancos, en las clases medias atemorizadas, en las mujeres que no querían que sus hijos fueran la próxima estadística. El control de armas era la forma de hablarles a esos votantes que no querían más discursos progresistas huecos, sino soluciones concretas. Frente al maximalismo paranoico de la NRA, Clinton ofrecía una alternativa: sí a la Segunda Enmienda, pero con responsabilidad. Sí al rifle, pero no al fusil de asalto en manos de un desequilibrado con ínfulas de Robert De Niro.

Mientras Bush intentaba capitalizar su imagen de héroe de guerra y minimizar la crisis económica, Clinton hablaba de responsabilidad. De cordura. De sentido común. Una frase muy utilizada en su campaña sintetizaba la propuesta demócrata: "No se trata de quitar armas. Se trata de evitar que caigan en las manos equivocadas". Más que una declaración ideológica, era un mensaje electoral. El tiempo demostró su efectividad.

El momento Brady

La mañana del 30 de noviembre de 1993, algo más de un año después de la elección, Bill Clinton firmó la Ley Brady en la Casa Blanca.[23] A su lado, como símbolo y recordatorio, estaban James y

[22] En mayo de 1992, en plena campaña presidencial, ocurrió otro tiroteo escolar. Esta vez en la secundaria Lindhurst, en Olivehurst, California. El atacante era un exalumno de la escuela: Eric Houston, 20 años, desempleado, resentido, armado. Regresó al campus donde había pasado su adolescencia con un rifle recortado y una escopeta. Entró directo al aula de educación cívica. Ahí, mató a su antiguo profesor. Luego, disparó contra tres alumnos. Los asesinó. Hirió a nueve más. Pudo ser peor: cuando por fin la policía lo detuvo, Houston tenía a unos 80 estudiantes secuestrados en un salón de clases.

[23] El nombre oficial: Ley Brady para la Prevención de la Violencia por Armas Cortas (Brady Handgun Violence Prevention Act).

Sarah Brady. La imagen tenía fuerza política, pero también algo de redención. Una década de fracasos legislativos llegaba a su fin. Por primera vez, Estados Unidos adoptaba un sistema federal para verificar los antecedentes de quienes compran armas de fuego.

El proceso legislativo fue complejo. Los costos políticos, altísimos.

La iniciativa había sido presentada al Congreso en el verano de 1993 y enfrentó, como era de esperarse, la resistencia del *lobby* armamentista. La NRA activó su maquinaria: anuncios, llamadas y amenazas contra legisladores en distritos clave. Pero algo había cambiado. El gobierno federal de Estados Unidos ya no estaba dispuesto a ignorar el tema. El clima era otro. La acumulación de tragedias había desplazado la retórica del derecho individual por una demanda más elemental: no puede ser tan fácil matar. El ambiente estaba saturado de tantos nombres: Patrick Purdy, John Hinckley, George Hennard. ¿Quién sería el siguiente? La respuesta era una cuestión de tiempo.

La propuesta era todo menos radical: establecer un periodo de espera de cinco días y obligar a las autoridades locales a verificar antecedentes penales o registros de salud mental antes de autorizar la compra de un arma. Una pausa. Un filtro. Una advertencia.

La ley entró en vigor el 28 de febrero de 1994. Es verdad que no resolvió el problema de fondo. Es cierto que no evitó futuras masacres. No hay duda de su fracaso en modificar el fetichismo armado de la sociedad estadounidense. Aun así, introdujo, por primera vez, un principio básico: el derecho a portar un arma no puede estar por encima del deber de verificar quién la porta. Ese gesto —insuficiente, parcial, perfectible, limitado— sigue siendo, hasta hoy, una de las pocas victorias legislativas reales del movimiento por el control de armas en Estados Unidos.

Lo más importante, sin embargo, es que la Ley Brady inauguró una arquitectura institucional duradera. En 1998, ese principio se volvió operativo con la creación del NICS, el sistema federal administrado por el FBI que permite verificar, en tiempo real, si un comprador está legalmente habilitado para adquirir un arma. Como se explicó en el capítulo anterior, al día de hoy, cuando una persona acude a una tienda con licencia federal, el vendedor debe ingresar sus datos al sistema, que los coteja contra múltiples bases —judiciales, penales, migratorias y psiquiátricas— y responde de inmediato. Puede autorizar, rechazar o demorar la operación para una revisión adicional.

En sus 27 años de vida —con corte a junio de 2025— el sistema ha procesado más de 512 millones de verificaciones y ha bloqueado al menos 2.17 millones de intentos de compra de armas de fuego por parte de personas legalmente inhabilitadas: criminales condenados o personas con órdenes de restricción, antecedentes de violencia doméstica o condiciones mentales severas.[24] Es imposible saber cuántos tiroteos no ocurrieron. Cuántos asesinatos se evitaron. Cuántas familias no quedaron destrozadas porque alguien no pudo comprar un arma. No hay estadística del crimen que no fue.

Tan solo en 2023, se llevaron a cabo 29.8 millones de revisiones: una cifra que ilustra no solo la magnitud del mercado, sino también la escala de la vigilancia. Ese mismo año, 116 500 ventas fueron bloqueadas: aproximadamente 0.5% del total. Puede parecer un porcentaje menor, casi marginal, pero no lo es: son intentos reales, concretos, documentados, de poner un arma en manos de alguien que, por ley, no debía tenerla.[25]

* * *

Incluso con millones de verificaciones al año, el sistema seguía operando dentro de un marco limitado: regulaba quién podía comprar, pero no qué podía comprarse. Las armas semiautomáticas con características de uso militar permanecían en el mercado, legales, disponibles, al margen del nuevo escrutinio. La Ley Brady había establecido un principio —revisar antecedentes antes de au-

[24] Datos extraídos del portal NICS del FBI, "Firearm Background Checks: Day/Month/Year", consultado en junio de 2025.

[25] FBI, "National Instant Criminal Background Check System (NICS) Section 2023 Operational Report", 2024.

torizar una compra—, pero no había alterado la naturaleza del armamento accesible. Clinton comprendió que la regulación debía avanzar no solo sobre los sujetos, sino sobre los objetos. La siguiente batalla sería más frontal: prohibir las armas de asalto.

Prohibición con fecha de caducidad

Aunque su uso se ha popularizado en televisión y prensa, el término *armas de asalto* no proviene del vocabulario técnico, sino del mediático. Se refiere, de forma general, a rifles semiautomáticos con características de estilo militar: culatas plegables o telescópicas, bocachas, empuñaduras tácticas y cargadores de alta capacidad; generalmente, con más de 10 cartuchos.[26] Hay modelos que encajan sin ambigüedad en esa definición: el AK-47 y todas sus variantes, la Colt AR-15, la TEC-9, la MAC-10, entre otras. Armas diseñadas con lógica militar, adaptadas —a veces apenas maquilladas— para el mercado civil.

La prohibición de este tipo de armamento era una línea roja para la industria. Clinton sabía que el *lobby* reaccionaría con furia, que los demócratas moderados temblarían. Y, aun así, lo hizo.[27]

El 13 de septiembre, dos meses antes de la elección de 1994, el Congreso de Estados Unidos hizo algo que parecía imposible:

[26] Una definición más cercana a la realidad —y a la ley de 1994— establece que un arma de asalto, además de ser semiautomática, debe contar con al menos dos de las siguientes cinco características: culata plegable o telescópica, empuñadura tipo pistola, montura para bayoneta, supresor de fogonazo o montura para lanzagranadas. No es una categoría técnica en sentido estricto, pero sí un intento legislativo por trazar una línea entre un rifle de caza y un arma diseñada para el combate.

[27] En mayo de 1994, Gerald Ford, Jimmy Carter y Ronald Reagan —tres expresidentes, dos republicanos y uno demócrata— firmaron una carta conjunta dirigida al Senado de Estados Unidos. En ella expresaban su respaldo a la prohibición de armas de asalto. Tres figuras con trayectorias distintas coincidían en un punto esencial: las armas de características militares no debían estar al alcance del público civil. Véase William J. Eaton, "Ford, Carter, Reagan Push for Gun Ban", *Los Angeles Times*, 5 de mayo de 1994.

prohibió la fabricación, transferencia y posesión de ciertas armas semiautomáticas definidas como *armas de asalto* para uso civil y limitó los cargadores a no más de 10 cartuchos. Aquel acto fue el último gran esfuerzo por impedir que Estados Unidos se convirtiera en el centro mundial de los tiroteos masivos.

La aprobación de la Ley de Protección para la Seguridad Pública y el Uso Recreativo de Armas de Fuego (Public Safety and Recreational Firearms Use Protection Act), conocida comúnmente como Prohibición Federal de Armas de Asalto (Assault Weapons Ban, AWB), no fue un accidente legislativo ni un acto de lucidez súbita del Congreso.[28] Fue el resultado de una negociación ardua, tensa, milimétrica. El texto fue introducido como un título dentro del enorme paquete de seguridad conocido como la Ley para el Control de los Crímenes Violentos y la Aplicación de la Ley (Violent Crime Control and Law Enforcement Act), impulsada por los demócratas desde el Senado y respaldado por la Casa Blanca.

Para lograr su aprobación, los demócratas tuvieron que ceder mucho. La ley incluyó fondos para más policías, más cárceles y un endurecimiento general del aparato punitivo.[29] A cambio, los republicanos aceptaron debatir —y algunos votar a favor— de la prohibición de las armas de asalto. Fue un trueque: populismo penal por control mínimo.

Políticamente, la ley se aprobó por un margen menor. En la Cámara, la votación fue de 216 contra 214; en el Senado, de 56 contra 43. La medida solo avanzó gracias a dos concesiones que, con el

[28] Aunque la prohibición de 1994 fue técnicamente parte de la Ley para el Control de los Crímenes Violentos y la Aplicación de la Ley (Violent Crime Control and Law Enforcement Act), y su título formal es Ley de Protección para la Seguridad Pública y el Uso Recreativo de Armas de Fuego (Public Safety and Recreational Firearms Use Protection Act), en la práctica, tanto en los reportes oficiales y la literatura especializada como en el discurso público, se consolidaron las siglas AWB para referirse específicamente a la sección de la ley que prohibía ciertos rifles semiautomáticos con características militares.

[29] El contexto importaba. El pánico moral era real. En 1993, Estados Unidos registró uno de los picos más altos de homicidios por arma de fuego en su historia. La violencia urbana era un tema diario en medios y debates.

tiempo, resultarían decisivas. La primera: las armas fabricadas antes de la entrada en vigor de la ley quedaban excluidas de la prohibición. La segunda: la ley tendría una vigencia limitada de 10 años. Una fecha de caducidad negociada para calmar a quienes temían una "pendiente resbaladiza" hacia una regulación más amplia. Sin ese límite, no habría habido ley. Fue una victoria, sí. Pero también una concesión que Clinton y los suyos —con el tiempo— lamentarían profundamente.

Tal como veremos en el próximo capítulo, en 2004, con Clinton fuera de la presidencia y el Congreso en manos republicanas, la ley simplemente expiró. Desde entonces, todos los intentos por reactivar la prohibición han fracasado. Barack Obama lo intentó tras la masacre de Sandy Hook. Joe Biden lo propuso en más de una ocasión. Pero el Congreso —atrapado entre la parálisis y el cabildeo— no ha vuelto a estar dispuesto dispuesto a volver a hablar del tema.

La prohibición de 1994 fue solo una interrupción breve. Un respiro. Una tregua legislativa que demostró que, incluso en Estados Unidos, es posible decirle no a una industria. Pero también dejó una lección incómoda sobre la fragilidad democrática: bastó con dejarla morir en silencio para que todo volviera a ser como antes.

La eficacia de la prohibición de armas de asalto ha sido objeto de numerosos estudios y permanece como un tema central en la literatura sobre políticas de control de armas en Estados Unidos. Una de las primeras evaluaciones relevantes fue publicada en 1997 y financiada por el National Institute of Justice, adscrito al Departamento de Justicia. El informe concluyó que la AWB de 1994 redujo la disponibilidad de este tipo de armamento en el mercado civil. Según sus datos, el uso criminal de armas de asalto —medido a través de las solicitudes de rastreo realizadas por agencias policiales a la ATF— disminuyó 20% entre 1994 y 1995. Asimismo, el estudio estimó que la prohibición contribuyó a una reducción de 6.7% en los homicidios cometidos con armas de fuego durante ese mismo periodo.[30]

[30] Jeffrey A. Roth *et al.*, *Impact Evaluation of the Public Safety and Recreational Firearms Use Protection Act of 1994: Final Report* (Washington D. C.: The Urban Institute, 1997).

Más recientemente, un estudio publicado en 2019 por Charles DiMaggio y un equipo de investigadores afiliados al Departamento de Cirugía de NYU Langone Health analizó el número promedio de personas fallecidas en tiroteos masivos en Estados Unidos. Los hallazgos son contundentes: durante la vigencia de la AWB (1994–2004), las muertes por este tipo de eventos se redujeron en un 70% en comparación con los periodos anteriores y posteriores.[31] Según sus modelos proyectivos, de haberse mantenido la prohibición federal, se podrían haber evitado más de 300 muertes entre 2005 y 2019 únicamente en el contexto de tiroteos masivos.[32]

Estos resultados han sido respaldados por otros trabajos académicos, los cuales coinciden en señalar que la legislación redujo tanto la circulación como el uso del armamento incluido en la prohibición, especialmente en el ámbito de la violencia con alto número de víctimas.[33] No obstante, existe consenso también en torno a sus limitaciones: múltiples estudios documentaron que los fabricantes adaptaron rápidamente sus diseños para cumplir formalmente con la ley sin alterar sustancialmente las capacidades funcionales de las armas. A ello se sumó un mercado secundario —integrado por armas fabricadas antes de 1994— que siguió operando con escaso control efectivo.[34] Según algunos estudios, la industria no solo sobrevivió a la prohibición; en muchos casos, la utilizó como estrategia de marketing para posicionar sus productos como

---

[31] Este hallazgo ha sido disputado por Christopher S. Koper y Jeffrey A. Roth, "The Impact of the 1994 Federal Assault Weapons Ban on Gun Markets: An Assessment of Short-Term Primary and Secondary Market Effects", *Journal of Quantitative Criminology* 18, núm. 3 (2002): 239-266.

[32] Charles DiMaggio *et al.*, "Changes in US Mass Shooting Deaths Associated with the 1994-2004 Federal Assault Weapons Ban: Analysis of Open-Source Data", *Journal of Trauma and Acute Care Surgery* 86, núm. 1 (2019): 11-19.

[33] Christopher S. Koper, *An Updated Assessment of the Federal Assault Weapons Ban: Impacts on Gun Markets and Gun Violence, 1994-2002* (Washington D. C.: National Institute of Justice, 2004).

[34] Koper y Roth, "The Impact of the 1994 Federal Assault Weapons Ban on Gun Markets".

bienes "prohibidos" o "en riesgo", lo que incentivó las ventas durante la vigencia de la prohibición.

En conjunto, la evidencia empírica sugiere que, aunque la AWB tuvo un impacto parcial en la reducción de ciertos indicadores de violencia armada, su diseño legal —en particular, sus excepciones y duración limitada— restringió su efectividad estructural.

A pesar de las señales positivas, la Prohibición Federal de Armas de Asalto nunca fue renovada. Diseñada originalmente con una vigencia de 10 años, la ley expiró el 13 de septiembre de 2004. Para entonces, el contexto político había cambiado drásticamente: el Congreso estaba controlado por los republicanos y la administración de George W. Bush evitó respaldar cualquier esfuerzo para su extensión. La polarización en torno al control de armas había aumentado y pocos legisladores —de ambos partidos— estaban dispuestos a asumir el costo electoral de volver a impulsar una legislación que había sido objeto de una intensa campaña de descrédito por parte de la NRA. La ley simplemente se dejó morir, sin debate parlamentario ni consulta pública. Su desaparición marcó el fin de uno de los esfuerzos regulatorios más significativos del periodo contemporáneo.

* * *

El precio de la apuesta de Clinton no tardó en llegar. Y fue altísimo.

Las elecciones legislativas de 1994 marcaron un punto de inflexión: los demócratas fueron barridos del mapa y los republicanos recuperaron el control del Congreso. Fue una derrota muy dolorosa para el proyecto demócrata.

Los analistas lo tenían claro: las dos principales iniciativas legislativas del primer tramo del gobierno de Clinton —la Ley Brady y la Prohibición Federal de Armas de Asalto promulgada en septiembre de 1994— habían sido victorias políticas de enorme calado. Pero también marcaron una ruptura. Enseñaron que enfrentarse a la NRA no salía gratis.

La NRA cobró su factura. Para las elecciones de 1994, se propuso castigar a los legisladores que habían respaldado la prohibición de armas de asalto. Apuntó contra 24 congresistas. Logró derrotar a 19. Y no lo ocultó: proclamó su éxito como una advertencia nacional. El mensaje fue claro. Brutal pero claro: quien vote contra nosotros no vuelve.

Clinton lo admite sin rodeos ni vergüenza en sus memorias: "La NRA era un amo implacable: un error y estabas fuera".[35] Algunos analistas han ido más allá: sostienen que la presión política acumulada desde entonces fue tal que la aprobación de la AWB creó un ambiente de hostilidad permanente en el Congreso. Tanto que podría haber contribuido a que el intento de destitución de Clinton por el caso Lewinsky en 1998 encontrara tanto respaldo entre los republicanos.[36]

La NRA no olvida. Pero lo decisivo es que no perdona. Desde 1994, ningún presidente ha vuelto a desafiarla de frente. Quizás con la sola —y tímida— excepción de Joe Biden, cuya historia también estuvo marcada por ese enfrentamiento. Él lo intentó y también pagó el precio. Más adelante, hacia el final del libro, volveré sobre ello. Lo cierto es que nadie más se ha atrevido a tocar el corazón del sistema. La advertencia funcionó: en la política estadounidense, intentar frenar el acceso a las armas es una condena.

¿Hacia un país normal?

Hacia finales del siglo XX, Estados Unidos parecía avanzar en la dirección correcta. Por primera vez en mucho tiempo, se acercaba —aunque fuera lentamente— a parecerse a un país normal.

La discusión ya no giraba en torno a si debía mantenerse la prohibición de armas de asalto, sino en torno a cuánto debía ampliarse. El consenso era amplio: 10 años resultaban insuficientes para medir con seriedad los efectos de la AWB. El ánimo legislativo

---

[35] Clinton Bill, *My Life* (Nueva York: Vintage Books, 2005), 597.

[36] Russell Riley, "Bill Clinton's Costly Assault Weapons Ban", *The Atlantic*, 25 de junio de 2016.

no era de contención, sino de expansión. Las propuestas para fortalecer la ley eran numerosas. Menciono tres.

Primero, limitar con mayor rigor la producción y circulación de cargadores de alta capacidad, así como eliminar excepciones que los mantenían en circulación —como los cargadores fabricados antes de 1994 o importados al margen de la regulación—. Segundo, redefinir con mayor precisión qué debía entenderse por "arma de asalto". Como se ha señalado, tras la aprobación de la ley, muchos fabricantes rediseñaron sus productos para sortear formalmente las restricciones sin alterar su capacidad letal. Una nueva legislación debía cerrar esa puerta: basarse menos en criterios estéticos y más en características funcionales: capacidad de fuego, velocidad de recarga, diseño para uso táctico. Tercero, implementar medidas para regular la transferencia y posesión de armas y cargadores en mercados secundarios. Era necesario cerrar los vacíos que seguían permitiendo la circulación de armamento prohibido por vías indirectas.

En paralelo, comenzaban a activarse nuevas vías de presión. A finales de los años noventa, gobiernos estatales y municipales iniciaron más de 30 demandas contra fabricantes de armas. La tendencia cobró fuerza tras un fallo histórico en 1999: un jurado de Nueva York encontró a nueve compañías responsables de facilitar el tráfico de armas que derivó en una serie de tiroteos en ese estado. El argumento era contundente: las prácticas de comercialización y distribución de esas empresas habían alimentado flujos ilegales desde estados con regulaciones laxas hacia estados con mayores restricciones. La condena, por medio millón de dólares, abrió la puerta a nuevos litigios en todo Estados Unidos.

Al iniciar el siglo XXI, todo indicaba que Estados Unidos estaba, por fin, comenzando a corregir el rumbo.

El aparato legal avanzaba. La presión pública crecía. La industria, por primera vez en décadas, parecía estar contra las cuerdas. Todo parecía ir en la dirección correcta.

Al menos eso se percibía. Pero la historia tomó otro rumbo.

4

Crónica del desmantelamiento

Topeka, Kansas, 2013

La carta llegó con el peso de un manifiesto. Estamos en Topeka, capital de Kansas. Es principios de 2013.[1]

El papel membretado del gobierno estatal lleva la firma del gobernador Sam Brownback. Va dirigida a las oficinas federales que operan en el estado; entre otras, el Departamento de Justicia, la ATF, el FBI. El mensaje es directo.

La ley recién aprobada por la legislatura de Kansas, la Ley de Protección de la Segunda Enmienda (Second Amendment Protection Act, SAPA), declara que cualquier arma de fuego, accesorio o munición fabricada y mantenida dentro de los límites del estado queda exenta de toda regulación federal. En otras palabras: Kansas, por decreto, se convierte en un territorio donde la autoridad federal ya no tiene competencia sobre las armas.

El contenido de la ley tiene efectos reales. Inmediatos. En sus cláusulas, la SAPA establece sanciones penales para cualquier funcionario federal que intente aplicar leyes nacionales de control de

---

[1] La siguiente escena está basada en el análisis del Brennan Center for Justice de las denominadas Leyes de Protección de la Segunda Enmienda (Second Amendment Protection Acts, SAPA), leyes estatales que, en la década de 2010, intentaron invalidar la aplicación de regulaciones federales sobre armas de fuego dentro de estados como Montana, Arizona, Arkansas, Tennessee, Kansas y otros. Véase Adam B. Sopko, "Misguided 'Second Amendment Protection Acts' Have the Opposite Effect of Their Intent", Brennan Center for Justice, 18 de junio de 2019.

armas dentro del estado. Es un desafío frontal al principio de supremacía constitucional. Una declaración de soberanía legislativa en nombre de la Segunda Enmienda.

Otra vez: no estamos en 1776. Es 2013. Gobierna Barack Obama. Nelson Mandela está a punto de morir y Benedicto XVI acaba de renunciar a su papado. No es 1776.

* * *

La reacción federal no tarda. La ATF envía cartas de advertencia a los vendedores de armas con licencia federal de todo Kansas. El mensaje es claro: la ley estatal no anula las obligaciones federales. Es un disparate. El Departamento de Justicia la considera inconstitucional. Pero sobre el terreno, el efecto ya se siente: agentes federales comienzan a recibir negativas de cooperación por parte de departamentos de policía local. Las solicitudes de rastreo de armas pierden eficacia. Las líneas de investigación en casos de tráfico interestatal se diluyen.

Es 2013. ¿Cómo llegamos hasta aquí? Apenas dos décadas antes, en 1993 y 1994, se habían aprobado la Ley Brady y la Prohibición Federal de Armas de Asalto. Por un momento, Estados Unidos parecía avanzar hacia un nuevo horizonte regulatorio. La trayectoria del país en materia de armas de fuego se orientaba —aunque de forma aún incipiente— hacia un modelo más racional y restrictivo.

¿Cómo terminamos aquí?

* * *

A finales del siglo XX, como revisamos en el capítulo anterior, se había logrado establecer un sistema de verificación de antecedentes a nivel nacional. Era un logro fundamental. Se había delimitado, aunque de manera parcial, el acceso a armamento semiautomático con características militares. Las medidas, aunque lejos de resolver el problema estructural de la violencia armada, introdujeron un principio básico hasta entonces ausente: que el derecho individual a portar armas debía someterse a estándares mínimos de responsabilidad colectiva.

Durante algunos años —unos pocos— estos logros abrieron la posibilidad de consolidar un régimen regulatorio más coherente. La discusión pública comenzaba a reconocer los límites de la Segunda Enmienda. A nivel estatal y federal se debatían reformas orientadas a cerrar lagunas legales, fortalecer los sistemas de trazabilidad y enfrentar la proliferación de mercados secundarios sin supervisión. Diversas entidades gubernamentales y organizaciones de la sociedad civil impulsaban acciones judiciales contra la industria armamentista, cuestionando sus prácticas de distribución, publicidad y venta.

Estados Unidos se encaminaba a ser un país normal.

Sin embargo, el rumbo fue otro. Como se argumentará en las siguientes páginas, con el cambio de siglo, se consolidó una agenda política cada vez más alineada con los intereses del complejo industrial armamentista. Lo que siguió fue un proceso sistemático de desregulación. Impulsado en buena medida por legisladores del Partido Republicano y respaldado activamente por la NRA, este proceso no solo bloqueó nuevas iniciativas de regulación, sino que emprendió el desmantelamiento gradual —y en ocasiones silencioso— de los marcos normativos ya existentes. Se trató de una contraofensiva legal y cuidadosamente orquestada, cuyo objetivo no era conservar el *statu quo*, sino erosionarlo desde sus cimientos.

Lejos de consolidarse, los avances de los años noventa fueron reinterpretados como excesos que debían corregirse. La narrativa dominante giró hacia la defensa irrestricta de la libertad individual, la sospecha permanente frente al Estado y la glorificación de la autodefensa armada como valor cultural. Así, la ventana de oportunidad que se había abierto se cerró con rapidez. Y Estados Unidos, en lugar de profundizar un camino de regulación, retornó a su anomalía histórica: un régimen jurídico que protege con celo la circulación de armas, incluso cuando ello contradice toda evidencia empírica y todo criterio básico de política pública. Las consecuencias no tardarían en llegar a México.

* * *

Uno de los puntos de quiebre del proceso de desregulación fue la expiración, en 2004, de la AWB. Su no renovación —ni siquiera discutida seriamente en el Congreso— marcó un punto de inflexión. Fue la señal de que el clima político había cambiado. A partir de entonces, se abandonó la lógica de control y comenzó a imponerse una agenda inversa, en la que la inacción legislativa no significaba parálisis, sino apertura para el retroceso normativo.

El punto de quiebre: la expiración de la AWB

El 13 de septiembre de 2004 no ocurrió nada visible. No hubo discursos, ni ceremonias, ni firmas presidenciales. Fue un día cualquiera, discreto hasta el anonimato. Ese mismo día, sin estridencias, se selló el final de la prohibición federal más significativa en materia de armas en la historia reciente de Estados Unidos.

La enseñanza no podía ser más dura: no todas las derrotas hacen ruido; algunas se consuman en la rutina de un día ordinario.

Sin necesidad de derogación explícita ni veto formal, expiró la ley que durante 10 años había restringido la fabricación y venta de armas semiautomáticas con características militares y cargadores de alta capacidad. La expiración fue el primer síntoma claro de que la arquitectura regulatoria construida a duras penas durante décadas empezaba a desmoronarse.

Tal como se revisó en el capítulo anterior, la AWB fue aprobada en 1994 como parte de un paquete legislativo más amplio. Su inclusión solo fue posible gracias a una cláusula de caducidad de 10 años, que estipulaba que, de no ser renovada por el Congreso, la ley expiraría automáticamente el 13 de septiembre de 2004. En su momento, esa cláusula no fue más que una concesión estratégica para reunir los votos necesarios. Pero en ella estaba también inscrita su muerte. Desde el inicio, fue una política con fecha de vencimiento. Lo que pocos imaginaron fue hasta qué punto esa fecha marcaría el comienzo de una caída más profunda.

* * *

Ya en 2004, el contexto era otro. Habían pasado 10 años, pero en términos políticos parecía un siglo. El Congreso estaba firmemente en manos del Partido Republicano y en la Casa Blanca gobernaba George W. Bush. Aunque durante su campaña para su primer periodo presidencial había prometido apoyar la continuidad de la prohibición de armas de asalto, cuatro años después sus prioridades eran otras. El interés por sostener esa política se había evaporado, desplazado por cálculos electorales más urgentes y por una alianza cada vez más estrecha con el *lobby* armamentista.

Bush podía parecer torpe en muchos frentes, pero no era ingenuo en lo que importaba: petróleo y elecciones. Sabía que en noviembre se jugaba la reelección y que, a dos meses de las urnas, no valía la pena arriesgar demasiado. La renovación de la AWB no le generaba réditos entre su base, y confrontar al *lobby* armamentista era, simplemente, un costo innecesario. Así que optó por lo más fácil: dejar que la ley muriera sola, sin pronunciarse, sin desgastarse, sin mancharse. Su lógica era clara: no tenía sentido agitar las aguas. Mejor dejar que el reloj hiciera su trabajo.

Al final, el tiempo le dio la razón a Bush. Ganó la reelección por un puñado de votos en Florida, un estado donde para los republicanos portar un arma se ha convertido en un derecho sagrado. Su silencio fue estrategia. Eligió no pelear por la renovación de la AWB porque sabía que, políticamente, no le rendía. No solo dejó morir la ley: facilitó su entierro al replegarse justo cuando más se necesitaba liderazgo. No le interesaba la regulación de armas, ni el costo humano de su inacción. Le interesaban los votos.

* * *

No fue solo Bush. La caída de la AWB fue también obra de la NRA, la gran víctima de las medidas regulatorias de los años noventa. La sepulturera de estas una década después.

Desde su sede en Virginia y con decenas de cabilderos en Washington D. C., ejecutó su maquinaria de presión. La NRA sabía exactamente dónde amenazar, a quién llamar, qué distritos podían quebrarse.[2] Chris W. Cox, su gran estratega político, utilizó todos los medios posibles para presentar la discusión en términos polares y amarillistas.[3] Para él, sin embargo, el campo de batalla no estaba en la opinión pública, sino en el Congreso, y particularmente en la Cámara de Representantes, donde la clave era impedir que la propuesta siquiera llegara al pleno.

La consigna era sencilla: quien apoyara la renovación de la AWB lo pagaría en las urnas. Y no era una amenaza vacía. Según un estudio publicado años después, en las elecciones de 1994 y 1996, el respaldo de la NRA a un candidato podía traducirse en un margen adicional del 3 al 6% de los votos.[4] En distritos competitivos, esa diferencia bastaba para ganar o perder. La organización ofrecía resultados, poder.

El miedo ya estaba instalado. No hacía falta una victoria aplastante; bastaba con congelar a los tibios, aislar a los moderados y recordarles a los leales cuál era la línea que no debían cruzar. En distritos rurales de todo el país, la NRA puso en marcha su maquinaria: activistas tocando puertas, cartas con tono amenazante, anuncios en radios locales que repetían el mismo mensaje: votar por la renovación era traicionar la Segunda Enmienda. No buscaban convencer, buscaban disuadir. El aparato operó con un único objetivo:

---

[2] James Dao, "The 2004 Campaign: The Gun Griup; N.R.A. Opens an All-Out Drive for Bush and Its Views", *The New York Times*, 16 de abril de 2004; Associated Press, "The NRA Pledges Millions for Bush's Reelection Bid", *Los Angeles Times*, 14 de octubre de 2004.

[3] Chris W. Cox, "2nd Amendment / Mr. and Mrs. America, Turn Them All In", *Sfgate*, 7 de marzo de 2004.

[4] Christopher B. Kenny, Michael McBurnett y David J. Bordua, "Does the National Rifle Association Affect Federal Elections?", Independence Institute, diciembre de 2006. El "verdadero poder" de la NRA ha sido objeto de debate constante. En 2012, *The New York Times* convocó a varios analistas y columnistas a responder a la pregunta sobre la supuesta invencibilidad de la organización en el terreno electoral. Las opiniones divergieron: algunos subrayaron su capacidad para movilizar votantes en distritos clave; otros, en cambio, cuestionaron que su influencia fuera tan decisiva como su narrativa sugiere. Véase Room for Debate, "Is the Gun Lobby Invincible?", *The New York Times*, 17 de febrero de 2012.

asegurarse de que una ley técnicamente vigente no sobreviviera a su propia fecha de caducidad.

Con George Bush en modo expectante y la NRA haciendo lo que mejor sabía hacer, al liderazgo republicano en el Congreso solo le quedó una tarea: evitar el debate y bloquear cualquier votación. La instrucción era simple y eficaz: dejar que la AWB muriera sola, sin escándalo, sin duelo, como una política que nadie —al menos en el poder— estaba dispuesto a defender. Así fue. En política, a veces basta con no estorbar.

El giro fue profundo. La NRA impuso su forma de entender el mundo. Redefinió los términos del debate, convirtió el "control" en sinónimo de amenaza y la "libertad" en el derecho irrestricto a estar armado. Transformó una regulación técnica en un campo de batalla ideológico y convenció a legisladores de que era políticamente más costoso restringir los rifles de asalto que permitir su proliferación. Esa fue su victoria más duradera. Una victoria que, en buena medida, sigue vigente.

Desde entonces, ningún intento serio por restablecer una prohibición federal de armas de asalto ha prosperado. La derrota simbólica de 2004 reconfiguró el mapa político. La lección quedó grabada en la memoria de ambos partidos: impulsar ese tipo de medidas es costoso e impopular en distritos clave. Ni siquiera la administración de Joe Biden —probablemente la más decidida en décadas a enfrentar el poder de la industria armamentista— logró romper ese cerco.

Lo ocurrido en 2004 demuestra que el desmantelamiento del control de armas en Estados Unidos no comenzó con grandes reformas regresivas ni con sentencias de la Corte Suprema. Comenzó con una omisión deliberada, una decisión política disfrazada de pasividad. Comenzaba a resquebrajarse la herencia de los años noventa.

La cláusula del silencio: las enmiendas Tiahrt

El 23 de julio de 2003, unos 10 años después de la aprobación de la Ley Brady, y un año antes de la expiración de la AWB, entre votaciones rutinarias y sin apenas debate público, el Congreso de Estados Unidos aprobó una enmienda que cambiaría radicalmente el acceso a la información sobre el tráfico de armas. Fue introducida por Todd Tiahrt, un congresista republicano de Kansas, como una disposición oculta dentro de un proyecto de ley de asignaciones. A primera vista, parecía un tecnicismo legislativo. En realidad, era un cerrojo.

Tiahrt no era un *outsider* ni un ideólogo marginal. Venía del corazón conservador del país: Dakota del Sur. Su carrera política se había forjado en la defensa de los valores familiares, el libre mercado y la desconfianza estructural hacia el gobierno federal. Pero fue su cercanía con la industria armamentista —una relación cultivada con esmero desde su primer mandato en 1995— lo que le granjeó el respaldo sostenido de la NRA. Para Tiahrt, limitar la capacidad del Estado para rastrear armas era un acto de coherencia ideológica. Y, además, de interés material. A lo largo de su carrera política, Todd Tiahrt recibió al menos 77 000 dólares en contribuciones de campaña por parte de la NRA.[5]

Las enmiendas Tiahrt,[6] incorporadas por primera vez en la Ley de Asignaciones Consolidadas de 2004, establecieron una

---

[5] Mayors against Illegal Guns, "Access Denied: How the Gun Lobby is Depriving Police, Policy Makers, and the Public of the Data We Need to Prevent Gun Violence", enero de 2013, 22.

[6] Me refiero a enmiendas en plural a partir de que muchos analistas y documentos especializados han hecho notar que no se trata de una disposición única, sino de un conjunto de cláusulas legislativas introducidas en diferentes años y leyes de asignaciones presupuestarias. Estas cláusulas, aunque articuladas bajo una misma lógica restrictiva, fueron expandiéndose gradualmente entre 2003 y 2005, y afectaron diversas dimensiones del acceso y uso de datos sobre armas de fuego. Hablar en plural permite subrayar que estamos menos ante un acto legislativo aislado y más ante un régimen legal complejo y acumulativo.

serie de restricciones específicas sobre el manejo y la divulgación de la información recopilada por la ATF respecto al rastreo de armas de fuego involucradas en delitos.[7] Entre sus disposiciones principales se incluyó la prohibición de que la ATF compartiera con el público, con investigadores académicos o con entidades no gubernamentales cualquier dato contenido en sus bases de datos de rastreo de armas.

Además, como si no fuera suficiente, las enmiendas prohibieron expresamente el uso de los datos de rastreo de armas como prueba en procesos judiciales civiles o administrativos contra fabricantes, distribuidores y comerciantes de armas de fuego. También impidieron que los datos fueran utilizados por el propio gobierno federal para emitir sanciones regulatorias contra licenciatarios federales de armas (FFL) con base únicamente en patrones estadísticos de trazabilidad. Asimismo, las disposiciones exigieron que todos los registros de auditoría de la ATF que no estuvieran relacionados con investigaciones criminales específicas fueran destruidos después de un periodo determinado, con lo que se limitó la retención y el análisis longitudinal de datos. Así, en su conjunto, estas cláusulas restringieron severamente el uso de la información generada por la ATF en el ámbito no penal, especialmente en contextos regulatorios, estadísticos y de litigio civil.

El impacto fue inmediato: policías, periodistas, académicos y fiscales quedaron ciegos. Los rastros que conectaban a traficantes, comerciantes negligentes y crímenes violentos se desdibujaron detrás de una cortina federal. Las enmiendas no solo protegían a los fabricantes y distribuidores; desmantelaban una herramienta esencial para entender cómo las armas pasaban del mostrador a manos del crimen.

Más allá del silencio informativo que impusieron, las enmiendas Tiahrt funcionaron como una muralla jurídica en defensa de la

[7] El análisis de las Enmiendas Tiahrt se basa en la crítica exhaustiva realizada por Mayors against Illegal Guns, una coalición bipartidista de alcaldes estadounidenses fundada en 2006 por Michael Bloomberg. Su objetivo era fortalecer las políticas de prevención de la violencia armada, con un énfasis particular en la regulación del comercio ilegal de armas. Véase Mayors against Illegal Guns, "Access Denied".

industria armamentista. Al restringir el uso de los datos de rastreo en procedimientos civiles, bloquearon uno de los caminos más prometedores que las ciudades y las víctimas de la violencia armada habían comenzado a explorar: el litigio estratégico.

Como revisamos al final del capítulo anterior, durante los años noventa, una ola de demandas municipales había comenzado a sacudir al sector. Alcaldías de todo el país —sobre todo de ciudades demócratas— intentaban demostrar en tribunales que ciertas distribuidoras y fabricantes actuaban con negligencia, permitiendo que sus productos terminaran sistemáticamente en manos criminales. Las bases de estas demandas eran simples pero potentes: los datos de la ATF mostraban patrones recurrentes, tiendas específicas que surtían desproporcionadamente a delincuentes, rutas de tráfico que se repetían con precisión casi matemática.

Tiahrt clausuró esa vía. Sin acceso a datos, sin evidencia trazable, los litigios se desmoronaron. Las cortes ya no podían construir cadenas causales ni probar responsabilidades. La industria, que hasta entonces había tenido que invertir en defensa legal y contención reputacional, encontró en el Congreso su escudo más eficaz.

No fue casual. La NRA llevaba años presionando para frenar las demandas y había identificado el rastreo como su talón de Aquiles. Las enmiendas impidieron que se produjera cualquier escrutinio serio sobre los eslabones débiles —o deliberadamente laxos— de la cadena comercial de armas.

Uno de los argumentos más recurrentes en defensa de Tiahrt fue que protegía la información sensible del uso político por parte de actores a favor del control de armas. En palabras de sus promotores, las enmiendas impedían que los datos de la ATF fueran "manipulados" por "personas antiderechos de armas".[8] Bajo esta visión, la transparencia no era una herramienta de fiscalización democrática, sino una amenaza a la "libertad" de portar armas.

Con Tiahrt, el blindaje quedó casi completo. Lo que

[8] Erica Goode y Sherly Gay Stolberg, "Legal Curbs Said to Hamper A.T.F. in Gun Inquiries", *The New York Times*, 25 de diciembre de 2012.

comenzó como una nota al pie en un presupuesto federal, se convirtió en una pieza central del andamiaje legal que protegería, durante décadas, a uno de los sectores más peligrosamente desregulados del país.

Los departamentos de policía, especialmente en zonas urbanas, también se vieron directamente afectados. Antes de Tiahrt, podían solicitar a la ATF datos sobre patrones de tráfico, puntos calientes de distribución o tiendas asociadas a múltiples armas incautadas. Después de Tiahrt, se toparon con una pared. Incluso en investigaciones activas, las restricciones federales limitaban el acceso a información crítica. La colaboración interinstitucional, tantas veces invocada como receta contra el crimen, se convirtió en letra muerta.[9]

Las enmiendas Tiahrt fueron el primer paso: sellaron los archivos, apagaron las alertas y dejaron a ciegas a fiscales, académicos, policías y periodistas. Pero lo que vino después fue todavía más audaz. En 2005, el Congreso no solo blindó la información, sino también a los responsables. Con la PLCAA, la industria armamentista consiguió lo impensable: inmunidad legal frente a las consecuencias de sus propios productos. Si Tiahrt obstruía el acceso a la información, la PLCAA atacaba directamente el principio de responsabilidad legal. En otras palabras: Tiahrt cerró la cortina, pero la PLCAA clausuró la puerta. Provocó que aquello que en cualquier otro sector bastaría para iniciar una demanda —negligencia, prácticas abusivas, omisiones deliberadas— quedara blindado por ley cuando se trataba de armas. Fue el punto culminante de un proceso que convirtió la irresponsabilidad empresarial en conducta protegida.

[9] En respuesta a la creciente presión de alcaldes, asociaciones policiales y legisladores, entre 2007 y 2009, algunas disposiciones de las Enmiendas Tiahrt fueron parcialmente suavizadas. En específico, el Congreso permitió que la ATF volviera a publicar informes estadísticos agregados sobre la producción y el tráfico de armas, y autorizó a las agencias de seguridad a compartir entre sí los datos de rastreo que obtuvieran en el contexto de investigaciones criminales.

El régimen de inmunidad excepcional: PLCAA

El 12 de noviembre de 1998, la ciudad de Chicago dejó claro que no iba a esperar a Washington. Ese día, el alcalde Richard M. Daley anunció una demanda por 433 millones de dólares contra varios de los principales fabricantes y distribuidores de armas del país.[10]

El fundamento legal era inusual pero contundente: la industria, argumentaba Daley en representación de la ciudad, había creado una afectación al orden público al permitir que sus productos fluyeran deliberadamente hacia el mercado ilegal. No se trataba de un defecto técnico. Todo lo contrario: "el problema", dijo el abogado de la ciudad, "es que funcionan demasiado bien".

La demanda se construyó con operaciones encubiertas. Durante dos meses, agentes compraron armas en tiendas de los suburbios de Chicago usando direcciones dentro de la ciudad, donde su posesión era ilegal. Otras veces actuaron como "compradores de paja" (*straw buyers*) adquiriendo las armas para un tercero, algo que los vendedores sabían o fingían no saber.

Algunos llegaron incluso a sugerir tipos de munición especialmente letales. Los datos formaban parte de un patrón que el gobierno local se propuso llevar a juicio.

Chicago no estaba sola. Nueva Orleans había demandado semanas antes, y otras ciudades —Filadelfia, Dade County— se preparaban para seguir el mismo camino. Por primera vez, gobiernos locales intentaban responsabilizar a la industria armamentista por la lógica estructural de su cadena de distribución. Era una ofensiva jurídica inédita. Y para la industria era intolerable. Si esos casos prosperaban, no solo habría indemnizaciones millonarias. Habría precedente.

---

[10] Esta está basada en el caso de la demanda presentada en 1998 por la ciudad de Chicago contra fabricantes y distribuidores de armas. Véase Jon Jeter, "Chicago Files Suit against Gun Makers, Dealers", *The Washington Post*, 12 de noviembre de 1998.

La lucha de Chicago no era un gesto simbólico. Era una declaración de guerra jurídica. La ciudad no apuntaba al usuario. Apuntaba al sistema. Y ese sistema reaccionó.

* * *

El 26 de octubre de 2005, el Congreso de Estados Unidos aprobó la Ley de Protección del Comercio Lícito de Armas. George W. Bush firmó con gusto.[11]

Fue una victoria absoluta para la NRA, pero, sobre todo, una humillación para los gobiernos locales que, como el de Chicago, llevaban años intentando responsabilizar a la industria en tribunales. La ley hizo algo inédito: otorgó inmunidad federal a un sector privado por los daños previsibles —y prevenibles— causados por sus productos.

La disposición central de la PLCAA establecía que ninguna acción civil puede ser iniciada contra un actor de la industria armamentista si el daño causado por un arma se deriva del uso criminal o ilícito del producto por parte de un tercero, siempre que la fabricación o comercialización del arma haya cumplido con la legislación aplicable. La ley contempla algunas excepciones —casos de defectos de fabricación, violaciones directas a normas de comercialización o negligencia comprobable en la venta a sabiendas a personas no autorizadas—, pero su alcance real ha sido limitado en la práctica.

Ni ahora ni entonces ha habido ninguna otra industria que goce de ese privilegio. Ni la del tabaco, ni la farmacéutica, ni la automotriz: todas sujetas a demandas por los daños que puedan causar sus productos. Solo la de las armas. La PLCAA fue un escudo. Un blindaje legal que transformó a fabricantes y distribuidores en intocables, incluso cuando sus prácticas alimentaban, de forma

[11] Para un breve resumen de los alcances de la PLCAA, véase Champe Barton, "A Guide to the Gun Industry's Unique Legal Protections", *The Trace*, 27 de enero de 2020.

sistemática, el circuito del crimen. A partir de ese momento, la violencia podía documentarse, pero no demandarse. La impunidad se convirtió en política pública.

* * *

La aprobación de la PLCAA convirtió a la industria armamentista en una de las más blindadas del país. Desde 2005, fabricantes y distribuidores de armas gozan de una protección jurídica que no tiene paralelo en otros sectores regulados. La industria quedó prácticamente fuera del alcance del litigio civil, incluso cuando existen patrones probados de negligencia, comercialización deliberada hacia mercados de riesgo o tolerancia activa al desvío hacia canales ilegales. Hasta el día de hoy, la PLCAA desactiva demandas antes de que lleguen a juicio, inhibe la recopilación de pruebas, desplaza la carga legal hacia las víctimas y disuade a gobiernos locales de intentar responsabilizar a quienes lucran con la venta de armas. Lo que antes podía resolverse en tribunales ahora se encuentra clausurado por diseño legislativo.

* * *

Entre los múltiples intentos por responsabilizar civilmente a la industria armamentista tras hechos de violencia extrema, pocos ilustran con tanta claridad los efectos estructurales de la PLCAA como el caso de Aurora, Colorado.

La historia comenzó a la medianoche del 20 de julio de 2012. En la sala 9 del cine Century 16 se estrenaba *The Dark Knight Rises*, la película que cierra la trilogía de Batman dirigida por Christopher Nolan. La sala estaba llena, por supuesto.

James Eagan Holmes, un muchacho que recién había cumplido los 24 años, armado con un rifle semiautomático AR-15, una pistola Glock y una escopeta, ingresó a la sala por la puerta de emergencia. Llevaba consigo miles de rondas de munición y una decena de cargadores de alta capacidad.

Además, portaba casco balístico, máscara antigás, chaleco antibalas, protector para la garganta, guantes tácticos, artefactos de gas lacrimógeno, pantalones cargo tipo militar y botas negras.[12]

Las municiones, el uniforme táctico y las armas fueron compradas por Holmes tanto en tiendas físicas como en plataformas en línea. No hubo tráfico ilegal ni mercado negro. Todo el arsenal se compró dentro del marco permitido por la ley federal.

La matanza de Holmes fue tan cruda como el tiempo lo permitió. En menos de 10 minutos, mató a 12 personas e hirió a 70 más. El ataque fue indiscriminado, rápido y brutal.

Algunas de las víctimas murieron protegiendo a otros. Otras sobrevivieron con heridas físicas permanentes y secuelas psicológicas profundas. Cuando los oficiales lo detuvieron, se identificó como "el Joker", en referencia al villano de Batman.

Una de las víctimas mortales fue Jessica Ghawi, una joven aspirante a periodista deportiva de 24 años, originaria de Texas. De forma aterradora, los periódicos pronto averiguaron que, en junio de 2012, un mes antes del ataque en el cine de Aurora, Ghawi ya había sobrevivido a otro tiroteo.

A raíz del ataque, los padres de Ghawi presentaron una demanda civil en 2014 contra varias empresas que habían vendido al tirador municiones, cargadores de gran capacidad y equipo táctico.

No alegaban ilegalidad en las ventas, sino negligencia comercial; sostenían que las compañías facilitaron la adquisición de un arsenal letal sin implementar mecanismos mínimos de verificación o control, a pesar del volumen y tipo de productos adquiridos.

Para los demandantes, ese modelo de negocio —basado en la ausencia deliberada de filtros— constituía una forma de irresponsabilidad civil. La demanda no prosperó. En 2015, un tribunal de

[12] Jack Healy y Serge F. Kovaleski, "Before and After Massacre, Puzzles Line Suspect's Path", *The New York Times*, 21 de julio de 2012. El periódico *The Denver Post* ordenó gran parte de la información del caso Aurora; disponible aquí: https://www.denverpost.com/tag/aurora-theater-shooting/.

distrito de Colorado la desestimó invocando la PLCAA. El juez argumentó que, en ausencia de una violación concreta a la ley en el proceso de venta, la responsabilidad no podía extenderse a las empresas, por más devastadoras que hubieran sido las consecuencias de sus productos.[13]

En otras palabras, mientras el vendedor actuara dentro de los límites formales de la legalidad, la PLCAA ofrecía protección absoluta frente a cualquier intento de litigio civil.

Más allá de la desestimación, el caso de Aurora mostró el alcance disuasivo de la PLCAA. Los padres de Jessica fueron obligados a pagar más de 200 000 dólares por costos judiciales a las empresas demandadas.[14] La PLCAA no únicamente cierra la vía judicial; penaliza activamente a quienes intentan abrirla. La ley opera como un escudo preventivo que inhibe la rendición de cuentas y desplaza el costo del conflicto hacia las víctimas.

Este caso se convirtió en un ejemplo paradigmático del funcionamiento de la PLCAA. No se trataba de una venta ilegal ni de una empresa claramente vinculada al crimen. El problema era más sutil: la comercialización indiscriminada, sin evaluación de riesgo, sin responsabilidad compartida y con un marco legal que exime a los proveedores de todo deber de cuidado más allá del cumplimiento técnico de la norma.

El caso de Aurora, por trágico y emblemático que resulte, está lejos de ser una excepción. Desde la entrada en vigor de la PLCAA en 2005, numerosos intentos por responsabilizar civilmente a fabricantes, distribuidores o vendedores de armas han sido bloqueados antes de llegar siquiera a juicio. La impunidad hecha ley.

---

[13] Associated Press, "Judge Dismisses Jessica Ghawi's Parents' Lawsuit against Ammunition Sellers", *CPR News*, 28 de marzo de 2015.

[14] Véase Jesse Paul, "Colorado Law Makes It Very Difficult and Financially Perilous to Sue the Gun Industry. That's Likely to Change", *The Colorado Sun*, 21 de febrero de 2023.

ATF: vaciamiento y erosión institucional

El debilitamiento del marco legal que regulaba la circulación de armas en Estados Unidos no se limitó a la aprobación de normas como las enmiendas Tiahrt o la PLCAA. El proceso fue más profundo: incluyó también una estrategia sistemática para neutralizar a las instituciones encargadas de aplicar la ley. Entre ellas, ninguna fue más afectada que la ATF, la agencia federal con el mandato explícito de supervisar la venta, distribución y trazabilidad de armas de fuego. Para decirlo en una frase, su historia en el siglo XXI es la de un desmantelamiento silencioso.

En este renglón, las enmiendas Tiahrt fueron punto de inflexión en ese proceso. No solo limitaron severamente el acceso público y gubernamental a los datos de rastreo de armas, sino que establecieron un precedente normativo que convirtió a la ATF en una agencia más simbólica que operativa. Como vimos antes, las restricciones impuestas por Tiahrt prohibieron a la ATF compartir bases de datos de rastreo con autoridades locales y civiles e impidieron que esos datos fueran utilizados como prueba en procesos civiles o penales contra comerciantes y fabricantes. En la práctica, destruyeron cualquier posibilidad de construir un sistema nacional de trazabilidad de armas.

El impacto fue, además de técnico, institucional.[15] Con el paso de los años, la ATF perdió autoridad política. Se transformó en una agencia federal sin dientes, incapaz de intervenir con eficacia frente a un mercado armamentista cada vez más desregulado. Prueba del debilitamiento es que, entre 2006 y 2021, la ATF operó sin un director confirmado por el Senado. Esto, en buena medida, porque cualquier candidato con intenciones mínimas de aplicar la ley era bloqueado por presión directa de la NRA. La imposibilidad de nombrar un liderazgo fuerte se tradujo en parálisis legislativa y falta de dirección institucional.

---

[15] Para un reporte gubernamental que da cuenta de este proceso, véase United States Government Accountability Office, "Bureau of Alcohol, Tobacco, Firearms and Explosives: Enhacing Data Collection Could Improve Management of Investigations", 30 de junio de 2014.

Al tiempo que esto sucedía, el Congreso impuso una serie de restricciones que fueron debilitando a la agencia. A través de diferentes procedimientos prohibió la digitalización de los registros de ventas, bloqueó la creación de una base de datos centralizada y limitó severamente la capacidad de la ATF para inspeccionar regularmente a los más de 70 000 licenciatarios federales de armas (FFL) en Estados Unidos.[16] En promedio, la agencia solo puede revisar a un comerciante legal cada cinco a siete años. En cualquier otro sector regulado —sea alimentario, médico o farmacéutico— ese intervalo sería inaceptable.

Lo que resulta más notable es que esta erosión institucional fue diseñada deliberadamente. El desmantelamiento de la ATF fue una política pública impulsada por actores con poder legislativo y respaldo político suficiente como para moldear a la agencia según sus propios intereses. En lugar de fortalecer la capacidad del Estado para fiscalizar un mercado con consecuencias evidentes sobre la seguridad pública, se optó por debilitar al regulador hasta hacerlo irrelevante.

Más recientemente, la ATF ha estado en el centro del huracán por la creciente cercanía entre altos funcionarios de la agencia y la industria que supuestamente deben regular. Un caso paradigmático es el de Marvin Richardson, director interino de la ATF bajo la administración Biden, quien, en 2022, asistió como invitado de honor al Shot Show, la convención anual del *lobby* armamentista.[17] Ese hecho deja ver otro más amplio: muchos de sus cuadros medios y altos han sido formados —y, en algunos casos, capturados— por la misma lógica de desregulación que dicen combatir. A la ATF no la venció el crimen. Lo hizo la política.

Como era de esperarse —y revisaremos con mayor detalle más adelante—, el regreso de Donald Trump a la presidencia en 2025 no ha hecho sino debilitar aún más a la ATF.[18] Lejos de

---

[16] Everytown for Gun Safety, "Inside the Gun Shop: Firearms Dealers and their Impact".

[17] Sobre el caso, véase Glenn Thrush, "Dueling Messages Muddle Biden's Agenda on Guns", *The New York Times*, 4 de marzo de 2022.

[18] Glenn Thrush, "Under Trump, Gun Agency Remains Rudderless and Leaderless", *The New York Times*, 10 de abril de 2025.

revertir el deterioro institucional que la agencia arrastra desde hace dos décadas, Trump 2.0 ha acelerado su marginación política. En los primeros meses de mandato ha dado muestras de que no existe voluntad alguna de reforzar sus capacidades técnicas, su autonomía operativa ni su autoridad reguladora. Por el contrario, la retórica de Trump, combinada con el control legislativo de sectores alineados con la NRA, augura una profundización del desmantelamiento. En este nuevo escenario, la ATF enfrenta una embestida presidencial que amenaza con convertirla, definitivamente, en un cascarón hueco.

Mientras la ATF era vaciada desde dentro, otro frente comenzaba a reconfigurar los cimientos jurídicos del régimen regulatorio.

En 2008, con el fallo del caso "District of Columbia v. Heller", la Corte Suprema dio un giro radical en la interpretación de la Segunda Enmienda. Lo que durante casi siete décadas había sido entendido como un derecho colectivo vinculado a la milicia, pasó a ser reconocido como un derecho individual a poseer armas para defensa personal. Con ello, el problema dejó de ser solamente la falta de supervisión estatal: también comenzó a desdibujarse el propio fundamento constitucional que permitía regular. Si la ATF representaba la impotencia operativa del Estado, Heller marcó el inicio de su deslegitimación normativa.

Heller: la victoria constitucional del *lobby* (2008)

La historia merece ser contada desde el principio.

En 1791 fue ratificada la Segunda Enmienda constitucional de Estados Unidos. A la letra, establece lo siguiente: "Siendo necesaria una milicia bien organizada para la seguridad de un Estado libre, no se violará el derecho del pueblo a poseer y portar armas".[19]

[19] En inglés: "A well-regulated Militia, being necessary to the security of a free State, the right of the people to keep and bear Arms shall not be infringed".

La formulación es ambigua por diseño y ha dado lugar a interpretaciones opuestas durante más de dos siglos. Hay, *grosso modo*, dos lecturas opuestas. En un bando están quienes leen en ella un conocimiento explícito del derecho individual a poseer armas. En el otro bando están quienes sostienen que se trata de un derecho condicionado al mantenimiento de milicias ciudadanas. Esto es, un derecho colectivo subordinado a fines de defensa pública y no una licencia irrestricta para la tenencia personal.[20]

El debate es político. De su interpretación depende el alcance del poder del gobierno federal para regular las armas y, por tanto, la posibilidad misma de construir un régimen de control efectivo.

Durante buena parte del siglo XX, la Segunda Enmienda fue entendida por lo que dice, no por lo que se quería que dijera. El derecho a portar armas estaba vinculado a su uso dentro de estructuras organizadas, como la Guardia Nacional.[21] Esa interpretación, colectiva y contextual, permitió construir un andamiaje legal que regulaba la compra, portación y registro de armas sin entrar en conflicto con la Constitución. Sin embargo, a partir de la década de 1970, y especialmente con el ascenso político de la NRA y el movimiento conservador, se intensificó una ofensiva cultural y jurídica para reinterpretar el derecho a portar armas como una garantía individual absoluta.[22]

El cambio interpretativo en torno a la Segunda Enmienda fue el resultado de una estrategia sostenida que combinó activismo legal, producción intelectual y presión política. A partir de la década de 1970, la NRA comenzó a transformarse de una organización

---

[20] La mejor revisión histórica que conozco de la Segunda Enmienda es la de Michael Waldman, *The Second Amendment: A Biography* (Nueva York: Simon & Schuster, 2015). Una versión más matizada, y que destaca la coexistencia histórica de ambas posiciones, puede leerse en Adam Winkler, *Gunfight: The Battle Over the Right to Bear Arms in America* (Nueva York: W. W. Norton & Company, 2013).

[21] En 1939 (United States v. Miller, 307 U.S. 174), la Corte Suprema sostuvo que la Segunda Enmienda no protege la posesión de armas que no tengan una relación razonable con la preservación de una milicia bien regulada.

[22] Al respecto, véase Mike McIntire, "The Secret History of Gun Rights: How Lawmakers Armed the N.R.A.", *The New York Times*, 30 de julio de 2023.

orientada a la recreación y el tiro deportivo a un actor político con capacidad de cabildeo, profundamente alineado con el conservadurismo emergente. Este giro coincidió con el fortalecimiento de organizaciones como la Fundación Segunda Enmienda (Second Amendment Foundation) y la Coalición por la Política sobre Armas de Fuego (Firearms Policy Coalition), que impulsaron litigios estratégicos destinados a erosionar el régimen regulatorio desde los tribunales. Paralelamente, juristas y académicos afines comenzaron a disputar el consenso doctrinal heredado del siglo XX, promoviendo una lectura originalista e individualista de la Segunda Enmienda en publicaciones jurídicas influyentes. A lo largo de tres décadas, se consolidó así un ecosistema intelectual y litigante que preparó el terreno para el fallo Heller en 2009: una reinterpretación que, aunque presentada como evolución jurisprudencial, fue en realidad el desenlace de una ofensiva cuidadosamente construida para redefinir los límites del control estatal sobre las armas.

En concreto, el caso "District of Columbia v. Heller" comenzó con una historia simple, casi banal: la de un guardia de seguridad, Dick Anthony Heller, que podía portar un arma en su trabajo, pero no en su casa. Heller no podía vivir con una supuesta paradoja que esbozó en una frase: "En el país más libre del mundo, no podías tener un arma".[23]

La ley del Distrito de Columbia, una de las más estrictas de Estados Unidos, prohibía la posesión de pistolas en el hogar y obligaba a mantener descargadas y bloqueadas incluso aquellas armas registradas legalmente. Heller, con el apoyo del Instituto Cato (Cato Institute) y otras organizaciones libertarias, decidió impugnar la norma. Alegó que su derecho a tener un arma en casa, lista para usarse, estaba protegido por la Segunda Enmienda.

---

[23] Para una revisión del caso, véase Scott Neuman, "The 'Gun Dude' and a Supreme Court Case That Changed Who Can Own Firearms in the U.S.", NPR, 14 de agosto de 2022.

Como suele suceder en la justicia estadounidense, lo que parecía una disputa local sobre reglas de almacenamiento terminó convertido en una batalla nacional sobre el significado mismo del derecho a portar armas. La Corte Suprema aceptó el caso.

En junio de 2008, la Corte falló a favor de Heller. Cinco votos contra cuatro bastaron para lo que no se había hecho en más de dos siglos: redefinir constitucionalmente la Segunda Enmienda. En la opinión mayoritaria, escrita por el juez conservador Antonin Scalia, la Corte estableció que el derecho a poseer armas no dependía de pertenecer a una milicia, sino que era individual, pleno y —al menos en el hogar— inviolable.

La decisión de 2008 desmontó la idea de que el Estado podía restringir el acceso a las armas con base en criterios de interés público. Desde entonces, cada intento de control local debe probar que no vulnera ese "derecho fundamental" recién consagrado. Heller no solo invalidó una ley: constitucionalizó la desregulación. Le dio forma jurídica a la visión más radical del *lobby* armamentista.

En el corto plazo, Heller invalidó la ley de armas del Distrito de Columbia y forzó a otras jurisdicciones con regulaciones estrictas a revisar su legislación para evitar demandas constitucionales. En el mediano plazo, la sentencia abrió la puerta a una cascada de litigios estratégicos diseñados para erosionar las leyes locales, desincentivó a los gobiernos estatales y municipales a legislar con firmeza, y empoderó a los jueces federales más conservadores para bloquear restricciones consideradas "excesivas". Las peores consecuencias, sin embargo, estuvieron en el largo plazo. Heller fue un giro doctrinal que institucionalizó el retroceso regulatorio.

Al reconocer por primera vez un derecho individual a poseer armas para la defensa personal, con Heller la Corte estableció un principio con un enorme potencial desregulatorio, aunque sin definir con claridad sus límites. Lo que allí se insinuó —que el derecho a portar armas era personal, pleno y constitucionalmente protegido— fue desarrollado en litigios posteriores. Habría que esperar más de una década para que ese razonamiento alcanzara su punto más extremo: en el caso Bruen (2022), la Corte no solo amplió el alcance del derecho, sino que impuso un criterio que prácticamente frustra cualquier intento contemporáneo de regulación.[24]

Bruen fue, en esencia, el caso que llevó la Segunda Enmienda a las calles. En 2022, la Corte Suprema resolvió que la ley de Nueva York —vigente por más de un siglo— que exigía a los ciudadanos demostrar una "causa justificada" para portar armas ocultas en público era inconstitucional. Con seis votos contra tres, la mayoría sostuvo que ese tipo de restricciones violaban el derecho individual a portar armas, ya consagrado en Heller, y que ese derecho no se agotaba en el hogar: se extendía al espacio público. Bruen cambió las reglas del juego y blindó constitucionalmente el modelo de desregulación.

Federalismo armado

Como revisamos al principio de este capítulo con el caso de Kansas, la desregulación del control de armas no se limitó a las decisiones federales o judiciales. A lo largo de las primeras dos décadas del siglo XXI, numerosos estados —casi siempre gobernados por el Partido Republicano— comenzaron a promover su propia agenda armamentista, muchas veces en abierta oposición al marco regulatorio nacional.

Estas leyes estatales no solo relajaron los requisitos para portar armas o eliminaron restricciones locales: también buscaron, de forma más ambiciosa, anular la capacidad del Estado federal para aplicar sus propias normas dentro del territorio estatal. Muchas de estas leyes estuvieron basadas en la doctrina de "nulificación" previa a la guerra civil. Esta sostiene que el Congreso ha excedido su autoridad

[24] El caso "New York State Rifle & Pistol Association Inc. v. Bruen" (2022) —conocido simplemente como "Bruen"— es el fallo más importante sobre armas en Estados Unidos desde Heller. Para una revisión de este, véase Adam Liptak, "Supreme Court Strikes Down New York Law Limiting Guns in Public", *The New York Times*, 23 de junio de 2022.

al regular armas de fuego y que los estados tienen poder de declarar inconstitucionales ciertas leyes federales.[25]

Así, en las primeras dos décadas del siglo, numerosos estados comenzaron a promover su propia agenda armamentista, muchas veces en abierta oposición al marco regulatorio nacional. Estas leyes estatales no solo relajaron los requisitos para portar armas o eliminaron restricciones locales: también buscaron, de forma más ambiciosa, anular la capacidad del Estado federal para aplicar sus propias normas dentro del territorio estatal. A continuación, revisaremos brevemente los ejemplos más significativos.

Blindaje estatal: SAPA *como desafío a Washington*

La Ley de Protección de la Segunda Enmienda (Second Amendment Protection Act, SAPA) es uno de los ejemplos más acabados de cómo algunos estados han intentado enfrentar al gobierno federal con decretos de insubordinación legislativa. Kansas fue el primero en aprobarla en 2013; Misuri la radicalizó años después. En ambos casos, la lógica fue la misma: declarar que cualquier arma, accesorio o munición fabricada y mantenida dentro del estado quedaba fuera del alcance de las leyes federales.[26] En Misuri, por ejemplo, se impusieron sanciones a los funcionarios estatales que ayudaban a aplicar las normativas nacionales. La colaboración intergubernamental se convirtió así en una potencial falta administrativa. El objetivo: bloquear la acción federal en el terreno del control de armas. Lo consiguieron: la aplicación de la ley desató choques directos con el Departamento de Justicia, debilitó las operaciones conjuntas entre agencias locales y federales, y expuso el vacío normativo que se abre cuando los estados se declaran soberanos frente a la ley nacional.

---

[25] Véase Louis Beckett, "Nullification: How States Are Making It a Felony to Enforce Federal Gun Laws", *ProPublica*, 2 de mayo de 2013.

[26] Véase John Schwartz, "Gun Bill in Missouri Would Test Limits in Nullifying U.S. Law", *The New York Times*, 28 de agosto de 2013.

Por fortuna, estas leyes han sido declaradas, una a una, inconstitucionales por tribunales federales, al contravenir la Cláusula de Supremacía de la Constitución de Estados Unidos. Aun así, representan un ejemplo claro de federalismo confrontativo que no aspira a legislar mejor, sino a blindarse para no legislar en absoluto. Son muestra de cómo algunos congresos estatales han buscado debilitar el control de armas desde abajo, desde las legislaturas locales, y convertir el desmantelamiento regulatorio en una forma de identidad política.

Al momento de escribir estas líneas, legisladores en distintos estados siguen insistiendo en presentar nuevas versiones que buscan impedir la colaboración de agencias estatales y locales en la aplicación de leyes federales sobre armas. Un ejemplo, más bien de carácter simbólico, son las resoluciones de los "santuarios" de la Segunda Enmienda (Second Amendment Sanctuary Resolutions, SASR), adoptadas por condados rurales en estados como Virginia, Illinois, Oregón y Washington.[27] Las SASR, sin fuerza legal vinculante, declaran que las autoridades locales no harán cumplir las leyes estatales o federales de control de armas que consideren contrarias a la Segunda Enmienda. Su expansión se aceleró a partir de 2019, en reacción a las iniciativas estatales de regulación impulsadas tras tiroteos masivos. Aunque su impacto normativo es marginal, refuerzan una narrativa de resistencia local frente a la regulación armamentista, en línea con el mismo impulso político que dio origen a la SAPA.

FFA: *soberanía simulada*

La embestida estatal contra el control de armas ha tenido otras variantes. Una de las más persistentes fueron las llamadas Leyes de

[27] Estas resoluciones adoptan el concepto "santuario" en alusión a las *sanctuary cities* (ciudades santuario), las cuales se han negado a colaborar con las autoridades federales en la ejecución de leyes migratorias. En el caso de las SASR, la lógica es otra: se trata de proteger la portación de armas frente a cualquier intento de regulación estatal o federal.

Libertad sobre Armas de Fuego (Firearms Freedom Acts, FFA): un conjunto de leyes promulgadas a partir de 2009 que partían de una lógica bastante elemental. Si un arma era fabricada, vendida y permanecía dentro de las fronteras de un estado, entonces no formaba parte del comercio interestatal y, por tanto, no debía estar sujeta a la regulación federal. Es decir, quedaban excluidos la ATF, Washington y cualquier otro tipo de supervisión externa. No se trataba de una objeción puntual a una norma específica, sino de un intento por negar la legitimidad misma del marco regulatorio nacional.

Montana abrió la puerta en 2009.[28] Después vinieron Tennessee, Alaska, Arizona, Idaho, Utah, Wyoming, Kansas y Dakota del Sur. Otras legislaturas introdujeron proyectos similares, aunque no todas se convirtieron en ley. El lenguaje variaba poco. Todas las FFA compartían el objetivo de blindar un espacio supuestamente soberano donde las leyes federales simplemente no aplicaran. Algunas llegaban al extremo de sugerir que los agentes federales que intentaran hacer cumplir la ley en ese contexto estarían actuando fuera de su jurisdicción. No se trataba solo de legislar las armas. Se trataba de construir zonas grises donde la regulación se volviera optativa, y la trazabilidad, irrelevante.

En la práctica, las FFA no alteraron el funcionamiento real de las agencias federales. La ATF siguió operando y las leyes siguieron aplicándose. Pero su impacto fue otro. Sirvieron para normalizar la idea de que el control de armas es una imposición ilegítima del gobierno federal y que los estados tienen no solo el derecho, sino la obligación de desobedecer.

Afortunadamente, ninguna FFA —por ahora— ha sobrevivido al escrutinio constitucional. En 2013 una corte federal fue clara: incluso las armas que no cruzan fronteras afectan el comercio interestatal y, por tanto, están bajo jurisdicción federal.

[28] Kahrin Deines, "New Gun Law Aimed at Asserting Sovereignity", *Independent Record*, 16 de abril de 2009.

Permitless carry: *el derecho sin filtros*

La escena transcurre en una gasolinera en las afueras de Austin, Texas, pero podría ocurrir en 29 estados de Estados Unidos, casi la mitad del país. Es solo cuestión de imaginarla.

Dos hombres discuten en la fila de pago. Ya han cargado gasolina. Reclaman ser los primeros. Es un malentendido, como cualquier otro. No se gritan, pero el tono es tenso. La situación escala.

Uno de ellos, visiblemente perturbado, da un paso al frente y —sin decir palabra— deja asomar el arma que lleva en la cintura. No la desenfunda, no apunta, no dispara. Solo la exhibe. Un gesto de fuerza suave. Un recordatorio silencioso de que puede. La tensión se disuelve y el otro hombre retrocede. No hay policías, ni reporte, ni consecuencias. La razón es simple: no hay delito.

Desde septiembre de 2021, portar un arma oculta sin licencia es legal en Texas. No se necesita entrenamiento, ni verificación previa, ni justificación. Basta con ser mayor de edad y no tener antecedentes penales. La escena termina sin sangre, pero algo se rompe.

Este tipo de interacción es el resultado directo de una arquitectura legal que normaliza la presencia armada en los espacios públicos y permite que cualquier conflicto cotidiano escale en cuestión de segundos.

El proceso de expansión de las llamadas *permitless carry laws* ha sido uno de los cambios más significativos en el régimen legal de armas en Estados Unidos durante el siglo XXI. Las leyes varían en sus detalles, pero comparten el mismo núcleo: suprimen los requisitos tradicionales para portar armas ocultas, como la obtención de permisos, pruebas de competencia en el manejo de armas o antecedentes verificables mediante un proceso administrativo. En algunos casos, incluso se permite el porte visible sin restricciones. La edad mínima suele estar entre los 18 y 21 años, dependiendo del estado.

El primer estado en adoptar este modelo fue Alaska en 2003. Luego, siguieron Arizona en 2010 y Wyoming en 2011. Sin embargo, el cambio tomó verdadero impulso a partir de 2015, cuando una oleada de legislaturas estatales comenzó a promover activamente este tipo de leyes. La tendencia se aceleró después de la pandemia de covid-19. Para 2025, 29 estados habían aprobado leyes que permiten el porte de armas sin licencia.

Como en el resto de las leyes analizadas, los principales impulsores han sido organizaciones como la NRA y otros grupos estatales de cabildeo vinculados a legisladores conservadores. Estos actores han enmarcado las leyes de *permitless carry* como una extensión natural de la Segunda Enmienda, apelando a una interpretación según la cual cualquier tipo de restricción administrativa al porte de armas es una violación constitucional.

La evidencia disponible permite afirmar que las leyes de *permitless carry* han tenido efectos negativos sobre los niveles de violencia armada en Estados Unidos.[29] Ahí en donde ha sido adoptadas, se ha observado un aumento sostenido en los homicidios con arma de fuego, así como en los incidentes de violencia no letal donde se usan armas como instrumento de intimidación. El mecanismo causal parece claro: eliminar requisitos para la portación de armas en espacios públicos aumentó el universo ampliado de personas sujetas a hacer mal uso de estas.

Además de sus efectos sobre la seguridad, estas leyes han debilitado la capacidad del Estado para monitorear y regular la circulación de armas. Al dejar de exigir licencias, muchas jurisdicciones han perdido acceso a datos sobre quién porta armas, en qué condiciones y con qué historial. Como es obvio, esto abrió, además, ventanas de oportunidad para el tráfico de armas hacia México, al

---

[29] Véase, por ejemplo, Mitchell L. Doucette, Cassandra K. Crifasi y Shannon Frattaroli, "Right-to-Carry Laws and Firearm Workplace Homicides: A Longitudinal Analysis (1992–2017)", *American Journal of Public Health* 109, núm. 12 (2019): 1747-1753; Anita Knopov *et al.*, "The Impact of State Firearm Laws on Homicide Rates among Black and White Populations in the United States, 1991–2016", *Health & Social Work* 44, núm. 4 (2019): 232-240; Donohue, Aneja y Weber, "Right-to-Carry Laws and Violent Crime"; Michael Siegel *et al.*, "The Impact of State Firearm Laws on Homicide and Suicide Deaths in the USA, 1991-2016: A Panel Study", *Journal of General Intern Medicine* 34, núm. 10 (2019): 2021-2028. Para un resumen completo del debate, véase RAND, "Effects of Concealed-Carry Laws on Violent Crime", 16 de julio de 2024.

reducir los mecanismos de trazabilidad y facilitar que las armas legalmente adquiridas terminen en circuitos ilegales sin dejar huella. Como toda desregulación interna, tuvo serios efectos transfronterizos.

PLCAA y sus réplicas estatales

Un último ejemplo del proceso de blindaje institucional a favor de la industria armamentista son las leyes estatales que reproducen y endurecen los principios establecidos por la PLCAA en 2005. En la literatura legal y en los debates legislativos de Estados Unidos, se suele referir a ellas como leyes estatales de inmunidad para la industria armamentista (*state-level firearm industry immunity laws*) o leyes estatales de protección legal para fabricantes de armas (*state gun manufacturer liability shield laws*).

Adoptadas por al menos una docena de estados entre 2009 y 2023, refuerzan el cerco legal que impide responsabilizar civilmente a fabricantes y comerciantes de armas, incluso en casos de negligencia grave o de prácticas comerciales deliberadamente riesgosas.[30]

El fenómeno comenzó a consolidarse a partir de 2011, pero cobró fuerza tras el endurecimiento de ciertas regulaciones estatales en estados demócratas como Nueva York y California. La reacción no se hizo esperar. Entre 2021 y 2023, estados como Texas, Florida, Kansas, Arkansas, Georgia, Idaho, Luisiana y Misisipi promulgaron leyes que limitan explícitamente las posibilidades de iniciar acciones civiles contra la industria de armas. Algunas de estas disposiciones prohíben expresamente a los gobiernos locales presentar demandas contra fabricantes o distribuidores, salvo en casos extremadamente acotados (como defectos de fábrica o contratos no cumplidos). Otras leyes —como las de Idaho y Luisiana— prohíben el uso de fondos públicos

[30] Nathan D. Harp, "Imperfect Immunity: How State Attorneys General Could Sue Firearm Manufacturers under the Predicate Exemption to the Protection of Lawful Commerce in Arms Act", *Cornell Journal of Law and Public Policy* 30, núm. 4 (2021): 798-817.

para financiar litigios contra empresas armamentistas, cerrando incluso la posibilidad material de entablar juicios como los que abundaban en la década de los noventa.

Por lo general, estas leyes estatales tienden a ser más cerradas y preventivas que la PLCAA. No solo limitan la responsabilidad legal posterior al daño, sino que inhiben de antemano el inicio mismo del proceso judicial. Esto ha llevado a que, en estados con marcos legales de este tipo, las víctimas de la violencia armada carezcan de rutas viables para acceder a la justicia civil, incluso cuando hay indicios de que la industria facilitó —por acción u omisión— la llegada de armas a manos criminales. En una frase: si la PLCAA construyó el muro, las leyes estatales terminaron de sellar las grietas.

En conjunto, estas normas han contribuido a consolidar una arquitectura jurídica de impunidad corporativa que refuerza la fragmentación del sistema legal estadounidense: donde un mismo hecho —por ejemplo, la venta de armas a través de prácticas negligentes— puede dar lugar a una demanda en Nueva York o Massachusetts, pero estar blindado por completo en Texas o Idaho. El resultado no es solo un país dividido en términos políticos, sino también en términos de acceso a la justicia, en el que las víctimas siempre son las perdedoras.

Arquitectura de la impunidad

Dos décadas después de la caída de la AWB, el sistema normativo estadounidense en materia de armas no solo es más laxo: es radicalmente distinto. Lo que se ha consolidado es un ecosistema jurídico e institucional donde la desregulación dejó de ser una anomalía para convertirse en norma. Las leyes federales que antes marcaban límites fueron desactivadas, debilitadas o reinterpretadas. Las agencias encargadas de supervisarlas —como la ATF— fueron vaciadas desde dentro. Las cortes, lideradas por una lectura expansiva de la Segunda Enmienda, ofrecieron nuevos fundamentos para blindar la posesión y el comercio de armas. Y a nivel estatal los márgenes para resistir o corregir ese proceso se fueron cerrando.

Nada de esto ocurrió de forma abrupta. Fue una operación paulatina, acumulativa, silenciosa. Comenzó con la expiración de la Prohibición Federal de Armas de Asalto en 2004 al tiempo que se promulgaba Tiahrt. Continuó con el blindaje legal de la industria a través de la PLCAA en 2005, y se afianzó mediante una combinación de acción judicial (como el fallo "District of Columbia v. Heller" en 2008), presión legislativa a nivel estatal y captura burocrática.

A cada paso, la arquitectura del control fue sustituida por la lógica de la inmunidad. La industria armamentista no solo ganó poder: adquirió un estatus de excepcionalidad que la separa de cualquier otra rama del sector privado.

Esta transformación ha tenido consecuencias claras dentro de Estados Unidos: más armas, menos regulación, mayor circulación en espacios públicos, incremento en la letalidad de los tiroteos y una cultura de la portación que normaliza la presencia armada como parte del paisaje cotidiano. Pero sus efectos no se detienen ahí.

El giro desregulatorio también ha tenido impactos más allá de las fronteras. En particular, México ha experimentado de forma brutal las consecuencias de este modelo. El debilitamiento institucional de la ATF ha obstaculizado la trazabilidad de las armas traficadas hacia el sur. La imposibilidad de demandar a los fabricantes en las cortes estadounidenses ha cerrado caminos de reparación. Y las nuevas leyes estatales —como las que eliminan requisitos de licencia o supervisión comercial— han creado zonas grises que facilitan el tráfico de armas y el abastecimiento del crimen organizado. Armas compradas legalmente en Texas, Arizona o Nevada cruzan la frontera a diario con escaso riesgo y mínima supervisión. Lo que empieza como una venta "legal", termina, en muchos casos, alimentando mercados ilegales y conflictos armados al otro lado de la línea.

Desde la perspectiva mexicana, este proceso no es solo una política interna de otro país. Es un factor estructural de violencia trasnacional. Es un sistema de producción y distribución tolerado y protegido por el Estado estadounidense.

La paradoja es brutal: mientras en México se discuten estrategias de seguridad, control territorial y lucha contra el crimen, una parte esencial del problema —el flujo de armas— sigue anclada en decisiones tomadas al norte, por legisladores que se niegan incluso a reconocer su corresponsabilidad.

Ese será el tema del siguiente capítulo. Cómo lo que se decidió en Washington, lo que se votó —o no— en el Capitolio, lo que se diseñó en las oficinas de la NRA terminó reconfigurando el paisaje de la violencia en México. Porque el problema no es solo que haya más armas. Es que esas armas fueron hechas para circular.

5

El camino de las armas

El disparo inicial: 2007

El primer capítulo mostró que, durante décadas, México fue una anomalía estadística positiva. Entre 1990 y febrero de 2007, la tasa nacional de homicidios se redujo a la mitad.

Ese mes —el de menor número de asesinatos desde que existen registros confiables— marcó un mínimo histórico: 5.8 homicidios por cada 100 000 habitantes. Era una métrica comparable con la de varios países europeos y semejante a la de Estados Unidos en la actualidad. Por primera vez en mucho tiempo, el ciclo de violencia letal parecía romperse. La criminalidad, por supuesto, no desaparecía, pero ya no mataba como antes.

La ilusión duró poco.

El segundo semestre de 2007 marcó el inicio de un ascenso vertiginoso en los homicidios. Nada volvería a ser igual. Para 2011, México había triplicado su tasa nacional y concentraba 19 de las 50 ciudades más violentas del mundo.

Las curvas epidemiológicas no explican un aumento así. Tampoco lo hacen las estadísticas socioeconómicas, que se mantuvieron relativamente estables durante ese periodo. Todas y cada una de las hipótesis planteadas en el primer capítulo resultan insuficientes.

La variable que cambió fue otra: la disponibilidad masiva de armamento de alto poder en manos de los grupos criminales.

* * *

En 2007, muchos analistas no vimos —¿o no quisimos ver?, ¿o no supimos cómo?— lo que ocurría al otro lado del río. Tampoco miramos hacia atrás.

El quiebre no comenzó en México. Empezó en Estados Unidos, tres años antes, cuando el Congreso y la Casa Blanca iniciaron —consciente o cínicamente— un proceso de desregulación armamentista sin precedentes.

El primer golpe llegó en 2004, cuando expiró la Prohibición Federal de Armas de Asalto —una ley que, durante una década, había limitado la manufactura y venta de rifles semiautomáticos de uso militar— sin que nadie en el Congreso levantara la voz. Como vimos en el capítulo anterior, no fue una derogación formal. Fue algo peor: una omisión deliberada de George W. Bush.

Los republicanos evitaron el tema; los demócratas tampoco se atrevieron a forzar el debate. La ley simplemente murió. Y con ella se extinguió cualquier restricción significativa sobre la producción masiva del rifle civil más letal del mercado: el AR-15.

A partir de entonces, la industria armamentista estadounidense volvió a operar sin freno. Se reactivó la manufactura a gran escala de rifles diseñados para el combate. Las armerías en Texas, Arizona y Nuevo México —ya de por sí numerosas— comenzaron a expandirse, a multiplicarse. Nuevas tiendas surgieron en la frontera; las antiguas, reabastecidas, ofrecían ya no solo pistolas para defensa personal, sino también fusiles de alto calibre, cargadores de gran capacidad, miras tácticas, conversiones automáticas. Lo que antes era marginal se volvió normal. Lo que antes era militar se volvió civil. Y mientras esa transformación ocurría en Estados Unidos, en México seguíamos viéndonos el ombligo.

El segundo golpe llegó apenas un año después. En octubre de 2005, el presidente George W. Bush firmó la PLCAA, la ley que blindó jurídica y financieramente a los fabricantes de armas frente a cualquier intento de responsabilizarlos por los efectos letales de sus productos. Como vimos también en el capítulo anterior, a partir de la PLCAA, la industria armamentista pasó a ocupar un estatus legal de excepción: no podía ser demandada por prácticas negligentes, ni siquiera cuando sus armas terminaban, una y otra vez, en manos criminales.

El cerco no solo fue legal. Ya en 2003, las enmiendas Tiahrt habían comenzado a sellar la información. Como también ya revisamos, estas disposiciones ocultas en una ley presupuestal prohibieron a la ATF compartir sus bases de datos sobre el rastreo de armas; impidieron su uso en tribunales civiles y ordenaron destruir sistemáticamente registros clave. La PLCAA blindó a la industria; Tiahrt la volvió invisible. Entre ambas, el sistema perdió la capacidad de sancionar, saber, conocer y entender.

Fue una revolución. O una contrarrevolución. En menos de dos años, se había desmontado el corazón del régimen de control de armas en Estados Unidos. Y no solo eso: se había invertido su lógica. Lo que antes eran límites se convirtieron en garantías.El resultado fue una explosión de producción, circulación y disponibilidad. Las armas dejaron de ser un bien condicionado y pasaron a ser un producto libre, barato, transferible.

Es preciso decirlo sin rodeos: el desmantelamiento regulatorio fue parte de un proyecto político. Un nuevo consenso que colocó los intereses del *lobby* armamentista —y del Partido Republicano— por encima de cualquier consideración de salud pública, seguridad fronteriza o responsabilidad internacional.

Esa transformación legal y comercial tuvo una consecuencia directa: las armas comenzaron a fluir hacia México como nunca en la historia, como en ninguna otra parte del planeta. En ferias locales, en plataformas de compraventa, en ventas privadas sin verificación, las armas se adquirían en efectivo, sin dejar huella. El tráfico hormiga —ese mecanismo simple y efectivo de trasladar armas desde un punto A legal a un punto B criminal— se institucionalizó. No hizo falta una gran conspiración ni redes sofisticadas. Bastaba con que el sistema estadounidense dejara de mirar. Bastaba con que lo permitiera. Y lo permitió.

* * *

Fue esa dinámica, y no otra, la que se encontró con México en 2007. Mientras aquí los operativos federales y la *kingpin strategy* comenzaban a fracturar el mapa criminal, del otro lado se había comenzado a fabricar el arsenal que haría imposible cualquier recomposición del orden.

No es que los cárteles se volvieran más violentos por ideología. Es que tenían más armas, mejores armas, armas diseñadas para la guerra. La violencia escaló en la medida en que su poder de fuego escaló. La relación es directa.

El año del disparo inicial fue 2007. No porque ahí comenzara todo, sino porque ahí colapsó el equilibrio precario que hasta entonces había contenido la violencia homicida en México.

Las razones profundas del conflicto ya estaban presentes: impunidad, desigualdad, fragmentación territorial, economías ilícitas, redes de corrupción. Todas las que analizamos en el primer capítulo. Sin embargo, ninguna de ellas, por sí sola, habría bastado para detonar la espiral de sangre que vino después. Para eso se necesitaban armas.

Y esas armas vinieron del Norte.

El comercio hormiga de armas

Si el año 2007 marcó el inicio de la era armada en México, no fue porque de pronto se empezaran a fabricar más rifles en Sinaloa o Guerrero, ni debido a que el Ejército perdiera súbitamente el control de sus almacenes. Fue, más bien, porque las armas comenzaron a cruzar la frontera desde Estados Unidos a un ritmo, volumen y sofisticación nunca vistos.

El crimen organizado mexicano no se abasteció del mercado local, sino del mercado legal estadounidense. Esa es la paradoja central del sistema: las armas que alimentaron la guerra en México no vinieron de producción propia o del tráfico internacional de armamento militar, sino de armerías ordinarias, ferias comunitarias y plataformas de compraventa que operan bajo el amparo de la ley estadounidense.

Entender el flujo de armas hacia México requiere desmontar una idea instalada: que se trata de un tráfico sofisticado. No lo es. En la gran mayoría de los casos, las armas no son robadas de bases militares ni desviadas de cargamentos diplomáticos, sino compradas legalmente por ciudadanos estadounidenses o residentes permanentes en tiendas y ferias del sur de Texas, Arizona y Nuevo México. Se trata, en el fondo, de un sistema de abastecimiento estructurado sobre tres pilares: la permisividad legal en Estados Unidos, la debilidad institucional en México y la geografía de la frontera. Un triángulo maldito.

El mecanismo más común —y más devastador— es el llamado *tráfico hormiga*. Individuos sin antecedentes penales compran armas de manera legal y las cruzan en pequeñas cantidades hacia México, a menudo escondidas en compartimentos de vehículos o entre mercancía ordinaria. Se trata de personas comunes, sin entrenamiento ni vínculos evidentes con el crimen organizado, que compran una, dos, cinco armas por viaje y las cruzan sin mayor dificultad. Miles de microoperaciones individuales que, en conjunto, constituyen un sistema de abastecimiento transfronterizo.

La operación es simple y casi siempre legal en su primer tramo: la compra. Basta con tener más de 18 años, una identificación válida y no figurar en una base de datos federal de exclusión. Como ya revisamos, en muchos estados ni siquiera se exige una revisión de antecedentes si la venta es entre particulares o en ferias. Una vez adquirida, el paso siguiente es cruzar. Aquí es donde el sistema revela su diseño perverso: la frontera sur de Estados Unidos no inspecciona sistemáticamente los vehículos que salen de su territorio. A diferencia de lo que ocurre en sentido inverso —donde cada automóvil que entra desde México puede ser sometido a inspección—, quienes conducen hacia el sur raramente son detenidos. El resultado es previsible: las armas cruzan sin mayor resistencia institucional.

Las cifras disponibles son elocuentes. En todo 2019, por poner un ejemplo, la Administración General de Aduanas de México decomisó apenas 122 armas de fuego: un promedio de una cada tres días. Eso, del lado mexicano. Del lado estadounidense, la antropóloga Ieva Jusionyte obtuvo —mediante una solicitud directa de información— el dato de que la Oficina de Aduanas y Protección Fronteriza (Customs and Border Protection, CBP) confiscó 226 armas en todas las inspecciones realizadas ese mismo año a lo largo de la frontera. Sumando los esfuerzos de ambos países, se confiscaron en 2019 apenas 348 armas. Una aguja en un pajar.[1]

Y, sin embargo, ese pajar está repleto. El tráfico hormiga es una forma precisa de describir el patrón operativo. Aunque el volumen total es masivo, la mayoría de las armas cruzadas a México son compradas una por una, por individuos distintos. Un ejemplo basta: en 2022, 942 armas aseguradas en México fueron rastreadas hasta el condado de Maricopa, Arizona, y vinculadas a al menos 874 compradores diferentes, según datos de la ATF.[2] En promedio, apenas uno de cada 10 compradores aparece asociado a más de un arma. Casi todos compraron una sola, la cruzaron y desaparecieron del radar. La operación no necesita escala para ser letal: basta la repetición.

* * *

Como toda imagen, la de un comprador solitario cruzando el desierto con un rifle en el maletero necesita de matices. No todas las armas son adquiridas directamente por quienes las trasladan. En muchos casos, hay un eslabón previo: el comprador de paja (*straw purchaser*). Son personas que adquieren armas a nombre de un tercero que no podría hacerlo legalmente. Al firmar el formulario federal 4473, declaran —falsamente— que el arma es para uso propio. En realidad, actúan como intermediarios: prestan su nombre, su estatus legal y su expediente limpio. Son figuras invisibles pero indispensables.

Según el informe más reciente de la ATF, las investigaciones que involucran a compradores de paja representaron el canal

---

[1] Ieva Jusionyte, *Exit Wounds: How America's Guns Fuel Violence across the Border* (Oakland: University of California Press, 2024), 55.

[2] Stop US Arms to Mexico, "El río de armas a México: sus fuentes y contenido", junio de 2024, 9.

individual más común en los casos de tráfico documentados entre 2017 y 2021. Su frecuencia aumentó de 38.1% en 2017 a 42.6% en 2021, lo que representa un crecimiento de 11.8% en apenas cinco años.[3] Además, en los casos donde se identificaron múltiples canales de tráfico, la combinación de compradores de paja con distribuidores sin licencia aparece en 41% de las investigaciones.[4] Son, en conjunto, el método operativo dominante.

Detrás de esa estadística hay mecanismos sencillos y altamente funcionales. El sistema estadounidense permite comprar hasta 10 rifles en un solo día, sin generar una alerta automática. Para las redes criminales, basta con reclutar intermediarios: parejas sentimentales, familiares, conocidos que aceptan firmar el formulario a cambio de unos cientos de dólares. Algunos saben perfectamente para quién compran; otros prefieren no hacer preguntas. El resultado es el mismo: el arma cambia de manos sin cambiar de ruta.

El comprador de paja no es un traficante profesional, pero sin él el sistema no funciona. Su figura pone en evidencia una falla estructural: un mercado donde la legalidad inicial basta para legitimar la circulación posterior. No aparece en los discursos oficiales ni en los partes policiales, pero sostiene —con su firma— buena parte de las armas que hoy circulan del otro lado del río Bravo.

* * *

El cruce no es el final del viaje. Es apenas el primer tramo de una cadena logística que continúa dentro del territorio mexicano. Si el tráfico de armas opera como un sistema es porque no depende únicamente del ingreso. Requiere de rutas internas, vehículos, relevos y puntos de entrega. Lo que sigue después del cruce no tiene nada de improvisado. Las armas se mueven —rápido, en silencio y con dirección— hacia los territorios donde se necesitan.

---

[3] ATF, "National Firearms Commerce and Trafficking Assessment (NFCTA): Firearms Trafficking Investigations - Volume Three", 4 de abril de 2024, 2.

[4] ATF, "National Firearms Commerce and Trafficking Assessment (NFCTA)": 2.

Los métodos son múltiples, pero comparten una lógica: discreción operativa y economía de medios. El más común es el transporte en vehículos particulares. Pickups, autos familiares, taxis foráneos. En la frontera, como en el resto del país, la movilidad cotidiana disfraza el traslado letal. En muchos casos, las armas viajan ocultas en compartimentos adaptados, debajo de los asientos o junto a herramientas. Según datos de agencias estadounidenses, el 76% de las armas decomisadas con destino a México fueron encontradas en automóviles particulares, y, si se suman las incautadas en autobuses, camionetas y furgonetas, el porcentaje asciende a más del 90%.[5]

El trayecto se completa con una inventiva casi doméstica. Las armas van embaladas en un televisor, en cajas de chocolate en polvo, en una maleta o dentro de una lavadora. En un operativo en Sonoyta, Sonora, las Fuerzas Armadas mexicanas hallaron armas largas camufladas en el interior de un tanque de gasolina; en otro, en Nogales, un cargamento de cartuchos viajaba oculto en la puerta de un coche. Las armas también se mueven en autobuses comerciales, sin control en los maleteros, o en paquetes enviados por empresas de mensajería exprés, disfrazadas de repuestos, bocinas o partes electrónicas.[6]

En zonas rurales, el transporte se adapta al terreno: motos, mulas, lanchas. En regiones bajo control criminal, ni siquiera se necesita ocultamiento: los traslados se realizan con protección armada. No hay una sola modalidad, pero sí una constante: las armas se mueven con facilidad, sin inspección estatal y sin obstáculos significativos.

El tráfico hormiga es una arquitectura funcional de abastecimiento, legal en el origen y tolerada en el tránsito. Ahora bien, si el mecanismo es ese, ¿cuál es su escala? ¿Cuántas armas cruzan cada año? ¿Cuál es el volumen total de este río silencioso? Responder estas preguntas exige dejar de mirar caso por caso y construir una visión panorámica. Afortunadamente, hay quienes lo han intentado.

---

[5] Las cifras sobre los medios de transporte usados para el tráfico de armas se obtuvieron de los informes públicos disponibles en CBP, "Seizures and Other Enforcement Statistics", CBP Public Data Portal, actualizado a abril de 2025.

[6] "Cae decomiso de armas con López Obrador; sube canje", *El Informador*, 5 de diciembre de 2019.

El tamaño del río de acero

Las preguntas parecen sencillas. La respuestas, por el contrario, han sido sistemáticamente eludidas. Durante más de una década, gobiernos, académicos y organismos internacionales han intentado cuantificar el flujo de armas que cruzan —de forma ilegal, pero a plena luz— desde Estados Unidos hacia México. Las cifras varían, los métodos también. Pero detrás de la dispersión estadística hay una certeza que nadie puede ya negar: se trata de un flujo masivo, constante y deliberadamente invisibilizado. No es solo que falten datos, es que el propio sistema está diseñado para dificultarlos.

La ATF, que debería ser la principal fuente de información confiable, opera bajo una lógica de opacidad institucional. Su sistema de rastreo (eTrace) es limitado, parcial y profundamente restrictivo. No solo excluye muchas de las armas recuperadas en México, sino que impone condiciones absurdas para el uso de sus datos. La agencia no permite que su información sea usada como base para estadísticas públicas, restringe el acceso a investigadores y, bajo la presión del *lobby* armamentista, ha blindado jurídicamente sus bases contra cualquier intento de transparencia. En un sistema mínimamente funcional, estos datos serían públicos y verificables. En Estados Unidos, están encerrados bajo llave.

A esta opacidad institucional se suma un problema metodológico recurrente: durante años, muchos estudios oficiales y académicos intentaron estimar el volumen del tráfico a partir de los decomisos fronterizos en México. El error es evidente. La cifra negra en este tipo de delitos es inmensa; por cada arma incautada, decenas —si no cientos— logran cruzar sin dejar registro. Tomar los decomisos como indicador del universo real es, en el mejor de los casos, ingenuo; en el peor, deliberadamente engañoso.[7]

---

[7] Sobre los problemas, y algunas soluciones metodológicas, en la medición de mercados ilegales, véase Rachel Sweet, "Knowing What We Don't: The Fundamental Problem of Data Quality in Conflict Research—and Methodological Solutions", *Journal of Conflict Resolution* (2025).

Aun así, los investigadores han insistido. Con métodos diversos y acceso limitado, han tratado de estimar el volumen real del tráfico. Y, aunque no hay una cifra única, el consenso es claro: se trata de un fenómeno estructural, con una magnitud que ningún gobierno puede seguir fingiendo que desconoce.

Los dos estudios más rigurosos que conozco sobre el volumen del tráfico de armas de Estados Unidos a México fueron liderados por Topher McDougal. El primero, publicado en 2014, fue elaborado junto con investigadores del Trans-Border Institute de la Universidad de San Diego. El segundo, más reciente y metodológicamente refinado, apareció en 2025 en *The Conversation* y lleva la firma de McDougal y del periodista Sean Campbell.[8]

Ambos estudios coinciden en un rango medio de entre 70 000 y 240 000 armas traficadas anualmente desde Estados Unidos hacia México. Las diferencias entre una y otra estimación no reflejan contradicciones sustantivas, sino enfoques metodológicos distintos: tipo de datos usados (rastreo, decomisos, producción), supuestos sobre el subregistro y alcance geográfico del análisis. En conjunto, ofrecen un marco de referencia útil para dimensionar el fenómeno, aunque sujeto a las limitaciones propias de un sistema que restringe el acceso a información completa y verificable. A continuación, se examinan ambos estudios en detalle, con énfasis en sus métodos, supuestos y hallazgos clave.

El primero de ellos fue publicado en 2013 por el Trans-Border Institute de la Universidad de San Diego. Titulado "The Way of the Gun", fue el primer intento sistemático de estimar el volumen de armas traficadas de Estados Unidos a México mediante un modelo cuantitativo integral. Topher McDougal, junto con David Shirk y Robert Muggah, propuso una cifra promedio de 253 000 armas al año entre 2010 y 2012. Pero lo más revelador fue el rango de variación: según sus estimaciones, el flujo anual podría haber

[8]Topher McDougal y Sean Campbell, "Mexican Drug Cartels Use Hundreds of Thousands of Guns Bought from Licensed US Gun Shops", *The Conversation*, 23 de mayo de 2025.

sido tan bajo como 106 700 armas o tan alto como 426 729. Es decir, en el peor escenario, más de 400 000 armas cruzaban la frontera cada año, en un contexto de debilidad institucional y violencia creciente.

Hasta entonces, las estimaciones se basaban en conteos parciales de decomisos o rastreos. El equipo de McDougal propuso un enfoque distinto: una aproximación estadística que permitiera inferir el volumen total de tráfico a partir de datos indirectos. Su análisis combinó cinco fuentes: decomisos en México, rastreos de la ATF, ventas en estados fronterizos de Estados Unidos, tasas de homicidio a nivel municipal en México y datos sociodemográficos binacionales.[9]

El modelo parte del supuesto de que los municipios mexicanos más violentos son más propensos a recibir armas desde zonas estadounidenses con alta densidad de tiendas y leyes permisivas. A partir de estos patrones, se proyecta el volumen total de armas traficadas, muchas de las cuales nunca son incautadas ni rastreadas.

El informe también identificó los principales estados de origen del tráfico: Texas, Arizona, California y Nuevo México, por su cercanía geográfica, densidad comercial y debilidad normativa. Del lado mexicano, los mayores flujos se concentran en estados como Tamaulipas, Chihuahua y Sinaloa.

Aunque el modelo tiene limitaciones —depende de datos incompletos y supuestos estadísticos—, su impacto fue significativo. Cambió el enfoque del debate: ya no se trataba solo de reconocer que existía tráfico, sino de dimensionarlo. La cifra de 253 000 no debe interpretarse como definitiva, pero ofreció una base replicable para estudios posteriores.

---

[9] El modelo utilizado por McDougal y sus colegas se basa en técnicas de regresión multivariada y análisis espacial. A partir de datos observables —como decomisos y tasas de homicidio— se infiere el volumen probable de armas no registradas en circulación. Este enfoque permite superar las limitaciones de los datos oficiales, aunque depende críticamente de la calidad de los insumos y de los supuestos sobre correlación entre violencia y abastecimiento transfronterizo. Véase Topher McDougal *et al.*, "The Way of the Gun: Estimating Firearms Traffic across the U.S.-Mexico Border", Igarapé Institute/University of San Diego, marzo de 2013.

Desde su publicación, "The Way of the Gun" se ha convertido en una referencia obligada para el estudio del vínculo entre armas y violencia en México. El propio gobierno mexicano lo ha citado en múltiples foros y documentos oficiales. Más allá de la cifra puntual, ayudó a replantear el tráfico de armas no como una sucesión de episodios aislados, sino como una dinámica estructural anclada en el funcionamiento del sistema fronterizo.

* * *

Algo más de una década después de la publicación de "The Way of the Gun", el propio Topher McDougal, esta vez en coautoría con el periodista Sean Campbell, propuso una nueva estimación, publicada en *The Conversation* en 2025 y detallada en un segundo texto técnico explicativo.[10] A diferencia del modelo anterior, este nuevo análisis emplea una técnica diferente: el método de captura-recaptura, común en estudios biológicos, que permite estimar poblaciones completas a partir de observaciones parciales.

El principio es sencillo. Su aplicación más habitual se encuentra en estudios de fauna silvestre: se captura un grupo, se identifica, se libera y luego se repite el proceso. La proporción de individuos que reaparecen permite inferir el tamaño total de la población.

McDougal y Campbell trasladan esta lógica al tráfico de armas. Su primera "captura" son las armas rastreadas por la ATF a partir de decomisos en México (aquellas con datos de origen conocidos). La segunda "captura" corresponde a todas las armas incautadas por autoridades mexicanas, muchas de las cuales no son rastreables o quedan fuera de los registros de eTrace. A partir del cruce de estas dos muestras y mediante ajustes estadísticos —incluyendo supuestos sobre subregistro—, se obtiene una proyección del volumen total de armas traficadas ilegalmente.

---

[10] Para el texto técnico, véase Topher McDougal y Sean Campbell, "Here's How We Figured the Number of Guns Illegally Trafficked from the US across the Border to Mexico", *The Conversation*, 23 de mayo de 2025.

Para alimentar el modelo, McDougal y Campbell recurrieron a múltiples conjuntos de datos. Tomaron como base las estadísticas oficiales de armas incautadas en México entre 2015 y 2022, publicadas por la Sedena. A esto sumaron los registros de rastreo proporcionados por la ATF, accesibles a través del sistema eTrace. También incorporaron cifras de la Small Arms Survey sobre decomisos no rastreados, datos de producción y exportación de la Oficina del Censo (Census Bureau) y de la Comisión de Comercio Internacional de Estados Unidos (United States International Trade Commission, USITC), así como estimaciones previas sobre tasas de incautación. A partir de este mosaico, construyeron un modelo probabilístico que permite inferir cuántas armas cruzan realmente la frontera y cuántas permanecen invisibles para las estadísticas oficiales. A la fecha, no existe un modelo más completo ni técnicamente sólido para estimar el volumen de armas traficadas a México.

El modelo fue aplicado a los datos más recientes disponibles al momento de comenzar su investigación, correspondientes a 2022, y arrojó una estimación promedio de 135 000 armas cruzando ilegalmente la frontera sur. Según sus propios márgenes, el volumen anual podría oscilar entre un mínimo de 72 000 y un máximo de 258 000 armas. Al igual que en el estudio de 2013, esta amplitud no refleja errores metodológicos, sino una decisión consciente de incluir distintos escenarios basados en variables como la tasa de incautación y la proporción de armas rastreables. Incluso en su versión más conservadora, la cifra es elocuente: se trata de un flujo sostenido y de gran magnitud.

Además de ofrecer cifras actualizadas, el modelo representó un avance metodológico importante. Introdujo una técnica nueva para el estudio del tráfico de armas, menos dependiente de los rastreos incompletos de la ATF y más capaz de inferir dinámicas invisibles. También aportó claridad sobre los límites del conocimiento actual: la propia ATF, como ya se ha señalado, impone restricciones severas al uso de su información, excluye una gran proporción de armas del sistema de rastreo y opera bajo una lógica que privilegia la opacidad sobre la rendición de cuentas.

McDougal y Campbell no esquivan las barreras informativas: las exponen con claridad. Su modelo no pone en evidencia el desamparo institucional que permite su circulación. En medio de un sistema diseñado para ocultar el problema, lograron producir una estimación seria, replicable y devastadora. La cifra —135 000 armas en 2022— es una acusación. Son 369 armas por día, 15 cada hora, una cada cuatro minutos.

Anatomía de las armas en México

A esta altura del análisis, ya no se trata de debatir si las armas que circulan en México provienen o no de Estados Unidos, sino de caracterizar con precisión ese vínculo estructural.

La evidencia disponible, tanto desde el ámbito gubernamental como desde la investigación independiente, permite afirmar que una parte sustancial —quizás la mayoría— del armamento incautado en México fue originalmente fabricado, vendido o desviado desde el mercado legal estadounidense. Según el informe más reciente de Stop US Arms to Mexico, elaborado a partir de datos de la ATF y basado en el análisis de más de 133 000 armas aseguradas entre 2015 y 2022, al menos dos tercios de los rastreos exitosos apuntan a tiendas con licencia federal en Estados Unidos como punto de origen.[11] Año tras año, los propios informes de trazabilidad de la ATF lo confirman: alrededor del 70% de las armas que México envía para su rastreo provienen de Estados Unidos. No es una sospecha ni una acusación: es un

[11] Stop US Arms to Mexico, "El río de armas a México: sus fuentes y contenido". Esta información proviene del trabajo de John Lindsay-Poland, quien dirige el proyecto Stop US Arms to Mexico. Además de elaborar informes de alto rigor analítico, Lindsay-Poland ha construido y puesto a disposición del público una base de datos detallada sobre armas recuperadas en México y rastreadas por la ATF, obtenida mediante solicitudes de información. Su trabajo constituye una de las fuentes más precisas y transparentes para entender la dimensión geográfica del tráfico de armas entre ambos países.

dato oficial del gobierno estadounidense que expone, con cifras, la magnitud del vínculo.[12]

El patrón se ha repetido de forma sistemática durante más de una década, abarca múltiples tipos de armas y afecta de manera desproporcionada a los estados fronterizos y a las zonas de mayor actividad criminal. El mercado estadounidense es el nodo central de una cadena de abastecimiento armamentista que se extiende desde tiendas legales al menudeo, hasta escenarios de violencia letal en México. Comprender ese vínculo con detalle es el objetivo de esta sección.

Ese patrón tiene una geografía, una institucionalidad y un blindaje legal. La trazabilidad de las armas gringas en México no deja dudas: el origen está geográficamente localizado y es comercialmente reconocible.

En el plano geográfico, el tráfico está concentrado. No está distribuido de manera homogénea. La concentración geográfica del tráfico también desmiente la idea de un fenómeno desorganizado o caótico.

Entre 2015 y 2022, la trazabilidad de armas recuperadas en México revela una clara concentración geográfica en su punto de origen: Texas y Arizona fueron responsables, conjuntamente, de aproximadamente dos tercios de todas las armas rastreadas hacia Estados Unidos. Texas encabezó el listado, seguido por Arizona, mientras que estados como California, Florida y Nuevo México ocuparon posiciones secundarias. A nivel urbano, Houston (2 452 armas rastreadas), Tucson (2 156), Phoenix (1 745), El Paso (1 658) y San Antonio (1 340) fueron las ciudades estadounidenses con más armas vinculadas a eventos delictivos en México. Estos datos confirman que el tráfico ilegal opera sobre una lógica localizada, legalmente habilitada y repetida con consistencia durante al menos ocho años. Las cifras no solo señalan el origen del problema: lo delimitan con precisión territorial.

---

[12] U.S. Government Accountability Office, "Firearms Trafficking: U.S. Efforts to Disrupt Gun Smuggling into Mexico Would Benefit from Additional Data and Analysis", 22 de febrero de 2021.

GRÁFICA 5.1

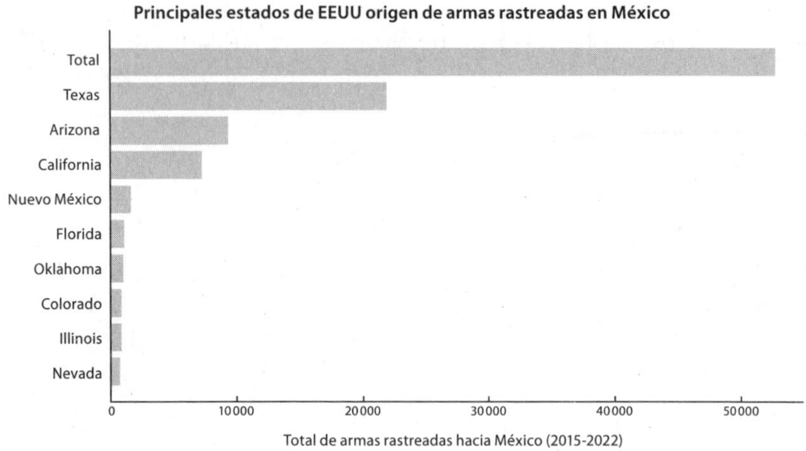

Fuente: Mexico Central America Traced Firearms Database, descargada de www.stupusarmstomexico.org/ATF-trace-data. Basada en documentos divulgados por la ATF tras solicitudes bajo la Ley de libertad de Información (FOIA) y litigios subsecuentes.

La trazabilidad a nivel de condado permite observar con mayor precisión la lógica territorial del tráfico. Maricopa, Arizona, encabeza el listado con casi 5 000 armas rastreadas en México durante el periodo 2015-2022, seguido por condados urbanos o fronterizos de Texas como Harris (Houston), Hidalgo (McAllen), El Paso, Bexar (San Antonio) y Dallas. También figuran condados densamente poblados de California, como Los Ángeles y San Diego.

Esta concentración sugiere que el flujo de armas responde a una infraestructura de venta legal con epicentros geográficos bien definidos. Se trata de lugares con alta densidad de armerías, regulación estatal laxa y una proximidad funcional con la frontera mexicana. En esos territorios, la frontera es una plataforma de salida y no, como suponen en Washington D.C., una línea de contención.

Gráfica 5.2

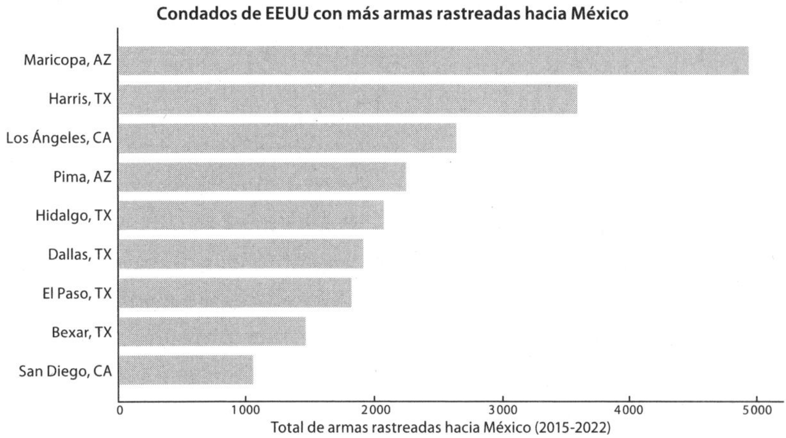

Fuente: Mexico Central America Traced Firearms Database, descargada de www.stupusarmstomexico.org/ATF-trace-data. Basada en documentos divulgados por la ATF tras solicitudes bajo la Ley de libertad de Información (FOIA) y litigios subsecuentes.

La concentración alcanza niveles aún más precisos cuando se observa el mapa a escala local. Solo seis códigos postales en pueblos fronterizos de Texas concentran casi 3000 armas rastreadas entre 2015 y 2022.[13] El caso de McAllen es especialmente elocuente: con una población menor a 150000 habitantes, fue el punto de origen de más de 1000 armas recuperadas en México en ese periodo.[14] Se trata de armas vendidas con licencia federal, registradas conforme a la ley, adquiridas sin mayores obstáculos por compradores sin antecedentes.

El patrón no termina en el mapa: se replica en los mostradores. Una parte significativa de las armas recuperadas en México puede ser rastreada hasta un puñado de tiendas específicas con licencia federal en Estados Unidos. El fenómeno se repite. En los datos de la propia ATF, las mismas armerías aparecen una y otra vez como puntos de venta iniciales en rastreos realizados desde escenas del crimen al sur del río Bravo. No se trata de comercios marginales ni de intermediarios oscuros. Son establecimientos registrados, visibles, plenamente regulados

[13] Stop US Arms to Mexico, "El río de armas a México: sus fuentes y contenido": 6.

[14] Stop US Arms to Mexico, "El río de armas a México: sus fuentes y contenido": 6.

por la ley federal. La repetición del vínculo —una y otra vez las mismas tiendas, los mismos códigos postales, los mismos condados— no ha provocado ni el cierre de locales ni la suspensión de licencias.

En ciudades como McAllen, Tucson o Phoenix, donde las armas cruzan en silencio, existen armerías señaladas en cientos de rastreos, cuyos propietarios siguen operando sin mayor contratiempo. Las autoridades federales, lejos de intervenir, han blindado a estos vendedores con una arquitectura legal hecha a su medida.

La investigación de Topher McDougal y Sean Campbell documenta con claridad esta recurrencia.[15] El 83% de las armas estadounidenses rastreadas desde escenas de crimen en México fueron vendidas originalmente por armerías independientes y no por grandes cadenas nacionales como Walmart. Las tiendas más pequeñas, menos visibles y con menor supervisión federal, concentran la venta de los armamentos más letales. Los rifles Barrett 0.50 tienen 60 veces más probabilidades de haber salido de una tienda independiente que de una cadena, y los AK-47 de 7.62 mm, 16 veces más.

Una sola tienda en California —Zeroed In Armory— aparece asociada a 488 armas involucradas en crímenes en México. Otra, Pete's Sport Shop, vendió más de 400 rifles Ruger en apenas dos años a unos pocos compradores, antes de que su propio dueño —no las autoridades— decidiera limitar voluntariamente las compras por cliente. No hubo inspección, sanción ni cancelación de licencia. Las armas salieron por la puerta, legales y empacadas.

Tampoco se trata de compras directas por parte del crimen organizado. En la mayoría de los casos, son los llamados *straw purchasers* quienes adquieren las armas a nombre de otros. El rastreo posterior, cuando lo hay, solo confirma lo evidente: es un mercado autorizado.

Que las mismas tiendas aparezcan en rastreos año tras año no genera consecuencias. Ni para los dueños, ni para las licencias, ni

---

[15] Sean Campbell y Topher McDougal, "US Gun Trafficking to Mexico: Independent Gun Shops Supply the Most Dangerous Weapons", *The Conversation*, 23 de mayo de 2025.

para las corporaciones involucradas. No hay escándalo ni reparación. Solo continuidad.

Esto sucede, como ya hemos visto, con respaldo legal. Normas como la PLCAA impiden que fabricantes y distribuidores sean considerados responsables del uso criminal de sus productos. En la práctica, eso significa que una tienda puede vender cientos de armas que acaban en manos del crimen organizado sin temor a consecuencias legales. La legalidad se protege. Esa protección es estructural. Se equivoca quien la piensa accidental.

Pero ¿qué tipo de armas cruzan la frontera? Como veremos a continuación, no se trata de reliquias antiguas ni de armamento de bajo impacto. Lo que llega a México son rifles semiautomáticos, pistolas de alto calibre, dispositivos destructivos y, en algunos casos, ametralladoras. Hablamos de armas diseñadas para maximizar el daño en el menor tiempo posible. Así, no solo importa cuántas llegan, sino qué pueden hacer. El contenido del arsenal importado —su potencia, su cadencia de disparo, su capacidad de perforación— ha sido un factor decisivo en la evolución de la violencia criminal en México.

Conviene recordar que los datos de trazabilidad aquí utilizados —recopilados por Stop US Arms to Mexico a partir de registros oficiales de la ATF— representan solo una muestra del total de armas que cruzan la frontera: aquellas que fueron recuperadas, documentadas y rastreadas con éxito. Aun así, lo que revelan es contundente. Las pistolas encabezan la lista con casi 80 000 unidades rastreadas entre 2015 y 2022, seguidas por rifles (46 000) y revólveres (casi 20 000). Se trata, en su mayoría, de armas semiautomáticas de uso civil, pero con capacidad suficiente para causar estragos en entornos urbanos o rurales. Su combinación con cargadores extendidos —legales en muchos estados— las convierte en dispositivos de asalto plenamente funcionales.

Aunque en menor número, también aparecen ametralladoras (1 545) y dispositivos destructivos (622).[16] Son armas diseñadas para

[16] Según la definición de la ATF, los *dispositivos destructivos* incluyen explosivos, granadas, lanzacohetes, bombas de tubo, morteros y otros artefactos diseñados para causar daños sustanciales. Aunque su posesión está sujeta a estricta regulación federal en Estados Unidos, su presencia en rastreos desde México confirma su circulación en contextos criminales.

la guerra, vendidas en mercados civiles y recuperadas del lado mexicano. Su sola presencia ilustra el grado de permeabilidad del sistema y el tipo de violencia que permiten. El problema no es solo cuántas armas cruzan. Es qué clase de violencia están habilitando.

GRÁFICA 5.3

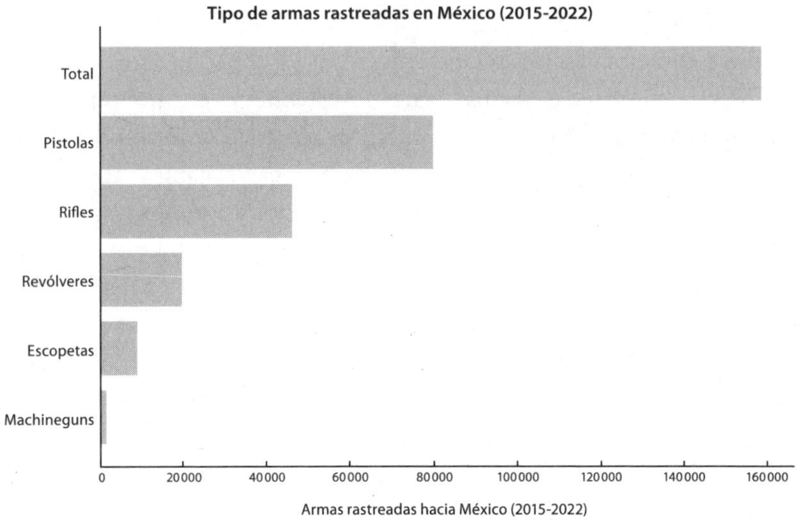

Fuente: Mexico Central America Traced Firearms Database, descargada de www.stupusarmstomexico.org/ATF-trace-data. Basada en documentos divulgados por la ATF tras solicitudes bajo la Ley de libertad de Información (FOIA) y litigios subsecuentes. Datos representan solo armas recuperadas y rastreadas con éxito.

Itinerarios de juego: trayectos de las armas en México

En marzo de 2018, una redada en Racine, Wisconsin, llevó a los agentes de la ATF hasta una casa con sótano.[17] Allí, entre cajas de munición y armas apiladas, se encontraron los restos logísticos de un pequeño arsenal, suficiente para abastecer a una pequeña guerrilla:

[17] Esta viñeta está basada en Sarah Kinosian, "How a Factory City in Wisconsin Fed Military-Grade Weapons to a Mexican Cartel", *Reuters*, 9 de diciembre de 2023.

36 armas de fuego, miles de cartuchos, miras telescópicas, recibos de compra. La mayoría provenían de The Shooters Shop, una armería ubicada en Milwaukee.

El comprador, con antecedentes limpios, los había adquirido sin mayor obstáculo. No era parte de un cártel ni de una red sofisticada: bastó con visitar varias veces la tienda, pagar en efectivo y consolidar los envíos. Lo normal.

A más de 3200 kilómetros de distancia, algunas de esas armas comenzaron a aparecer meses después en Michoacán y Jalisco. Una fue usada por el Cártel Jalisco Nueva Generación en un ataque con explosivos. Otra, decomisada en un operativo en Guanajuato. Al menos una más fue hallada en Tepalcatepec.

En una investigación para *Reuters*, Sarah Kinosian reconstruyó la ruta completa: compra múltiple en Wisconsin, traslado doméstico a California, cruce hacia México, redistribución interna hacia el occidente del país. No hubo modificaciones en los números de serie. No se falsificaron documentos. No se violaron leyes en el punto de venta.

Lo que la historia revela es la estructura detrás del flujo. Las armas no cruzan la frontera para quedarse en la frontera. Tienen destino. Circulan hacia los puntos de mayor disputa territorial, abastecen al crimen organizado y reconfiguran el balance de poder en estados como Michoacán, Guanajuato o Zacatecas.

Estamos ante una cadena logística en pleno funcionamiento. Las armas se distribuyen, se asignan, encuentran su lugar en la mecánica de la violencia. Una vez en México, no flotan en el caos. Circulan con dirección, con propósito, con destino. Se reparten como insumo estratégico de guerra. El trayecto completo —del mostrador en Milwaukee al tiroteo en Tepalcatepec— está trazado con precisión quirúrgica.

* * *

Entre 2010 y 2023, el Ejército mexicano aseguró 132922 armas de fuego en operativos desplegados por todo el país. La cifra, compilada por Stop US Arms to Mexico a partir de registros de la Secretaría de la Defensa Nacional y de un sinfín de solicitudes de información, no agota el fenómeno, pero ofrece un umbral confiable para entenderlo. Este conjunto de datos es un buen *proxy* para mapear las rutas y destinos del armamento que cruza la frontera.

La evidencia desmonta cualquier noción de contención territorial. Las armas no se acumulan en los puntos de ingreso. Se mueven. Cambian de manos. Llegan a donde se necesitan. Se insertan en la dinámica operativa de los grupos armados con precisión funcional.

Tamaulipas encabeza la lista con 21 365 armas aseguradas. Le siguen Michoacán (11 606), Sinaloa (9 697), Guerrero (5 391) y Sonora (4 660). Son entidades marcadas por la violencia organizada, el enfrentamiento constante entre grupos y la necesidad sostenida de mantener capacidad de fuego. Es todo, menos coincidencia.

Gráfica 5.4

Principales estados con armas aseguradas por Sedena

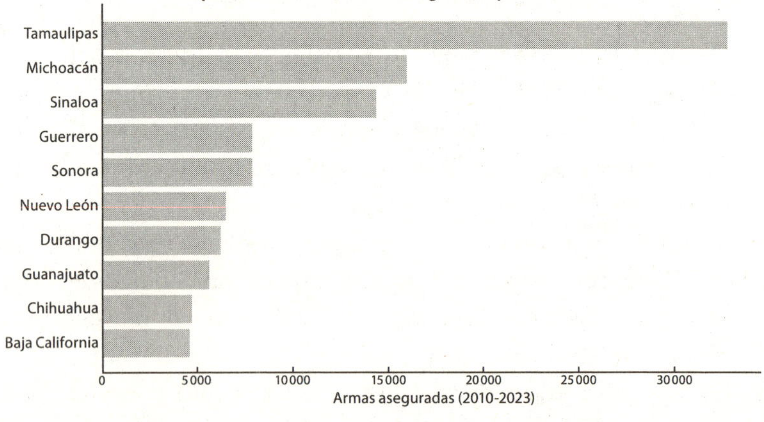

Fuente: Información compilada por Stop US Arms to México a través de solicitudes de información pública.

El caso de Michoacán es representativo. No comparte frontera con Estados Unidos, pero concentra el segundo mayor número de decomisos del país. Las armas que circulan allí no llegaron por mar ni fueron traídas desde el sur. Ingresaron por el norte y se desplazaron cientos de kilómetros por rutas terrestres antes de ser aseguradas en retenes, enfrentamientos o cateos rurales. La distancia recorrida por cada arma es prueba material de un sistema logístico en marcha.

Lo mismo ocurre con Sinaloa, Guerrero y Sonora. Cada estado tiene su propia historia criminal, pero todos registran una disponibilidad alta y sostenida de armamento. No importa si se trata de enclaves históricos del narcotráfico, corredores logísticos o zonas de insurgencia criminal: el flujo responde a una lógica de distribución interna que se adapta a las necesidades tácticas.

Los decomisos muestran trayectorias. Revelan cómo las armas viajan desde la frontera hasta el centro de la disputa armada. Identificar dónde y en qué contexto permite entender cómo opera la guerra. La violencia sigue rutas.

* * *

Una segunda base de datos —obtenida mediante una solicitud de información directa a la Secretaría de la Defensa Nacional— permite observar un patrón aún más preciso. Contiene el lugar exacto de los decomisos de rifles Barrett calibre 0.50 entre 2018 y 2024. En total, se aseguraron 422 unidades de este tipo de arma. Cada una con capacidad de penetrar vehículos blindados, derribar aeronaves o perforar muros. Son armas diseñadas para la guerra. No tendrían nada que estar haciendo en territorio mexicano.

La trayectoria es coherente con lo que hemos observado. Tamaulipas encabeza la lista con 191 Barretts decomisados. Le siguen Michoacán (58), Sonora (45), Sinaloa (32) y Jalisco (31). La distribución está focalizada. Casi el 85% de estas armas fueron aseguradas en apenas cinco estados. No hay duda sobre su destino. Como en el caso documentado por Sarah Kinosian en su investigación para *Reuters* —donde un solo lote de Barretts viajó desde Racine, Wisconsin, hasta Guerrero, Guanajuato y Michoacán—, lo que se observa es una logística de guerra en plena operación.

Gráfica 5.5

Principales municipios con decomisos de rifles Barret en México

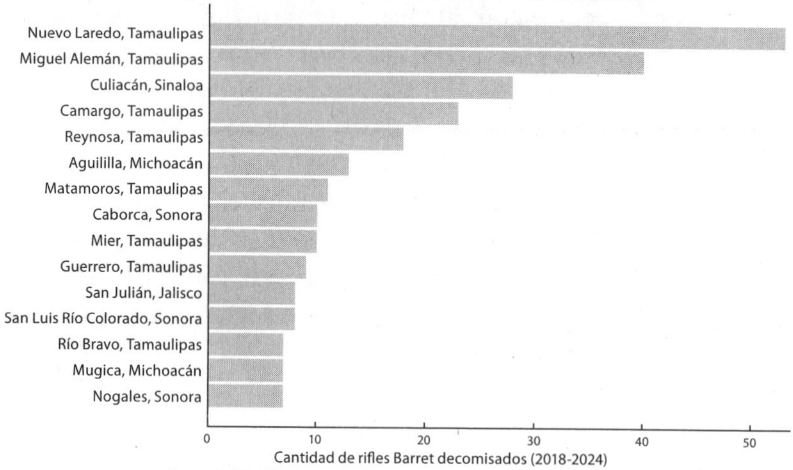

Fuente: Solicitud de información a la Sedena - No. Folio: 330026424000540

Aunque una parte de los decomisos de Barrett se concentra en los cruces fronterizos y ciudades receptoras, muchos otros aparecen en el núcleo mismo de los territorios en disputa. Se aseguran en enfrentamientos rurales, operativos conjuntos o zonas de repliegue criminal. La violencia organizada no solo requiere fusiles automáticos o munición abundante; también necesita armamento especializado, capaz de marcar supremacía táctica. El Barrett cumple esa función. Es el arma de exhibición, el instrumento de asalto, el símbolo de poder.

La concentración de estos decomisos refuerza el argumento central: las armas cruzan la frontera, pero no se quedan ahí. Se mueven siguiendo rutas claras, con lógica funcional y destino táctico. La guerra tiene una geografía, y cada arma —incluso las de mayor calibre— encuentra su lugar en ella. Pero si las armas se redistribuyen con tal eficacia es porque también han cambiado las formas en que se trafican. Ya no se trata solo de autos cargados que cruzan por la frontera. En los últimos años, el contrabando de armas se ha transformado. Se diversificó, se digitalizó, se adaptó. El mercado negro se volvió más difícil de rastrear, pero también más eficiente.

Nuevos métodos del tráfico de armas

El caso Bradford

Chandler Britain Bradford tiene 34 años y pocas dudas sobre su futuro. Al momento de escribir estas líneas duerme en una cárcel del oeste de Texas. Lo más probable es que pase varios años más en prisión. La única pregunta es cuántos.

Sobre él pesan seis cargos federales, incluidos conspiración para lavar dinero y tráfico de armas de fuego. Lo imputa la Fiscalía del Distrito Oeste de Texas. Tengo en mis manos la acusación. Lo que ahí se lee es más que un expediente judicial: es una ventana al funcionamiento reciente —y cada vez más sofisticado— del tráfico de armas entre Estados Unidos y México.[18]

Durante al menos cuatro años, entre el 30 de junio de 2018 y el 4 de octubre de 2022, Bradford participó en una red de contrabando de componentes para rifles AR-15. No actuaba solo, pero tampoco era un jefe criminal. Era una pieza. Un operador menor en un sistema más amplio. Un peón.

Según la Fiscalía, Bradford adquiría en línea casi todos los componentes de un AR-15: guardamanos, sistema de gas, miras ópticas, culata, cargadores, empuñaduras. Las compras llegaban a su domicilio en las afueras de San Antonio. Él y su cuñado —también imputado— ensamblaban las piezas en paquetes que luego enviaban por paquetería o llevaban en automóvil hasta bodegas en Laredo. Desde allí, alguien más —cuyo nombre permanece sellado por la investigación— recogía los cargamentos y los trasladaba a Monterrey, donde eran ensamblados por completo.

Bradford no traficaba rifles terminados. Traficaba kits. Componentes. Piezas. Lo hacía con una eficiencia industrial. Según los cálculos de la Fiscalía, en Monterrey se ensamblaron al menos 4 400 rifles automáticos con el material enviado por su red. Esas armas no

[18] Corte del Distrito Oeste de Texas, División de San Antonio, "2nd Superseding Indictment, Chandler Britain Bradford", 6 de diciembre de 2023.

existen oficialmente: no tienen número de serie, no tienen registro, no tienen historia. Son armas fantasma.

El negocio era rentable, por decir lo menos. En cuatro años, Bradford recibió más de 3.5 millones de dólares, entre transferencias directas y pagos triangulados desde empresas fantasma. Parte era ganancia. Parte, capital para nuevas compras.

El modelo de negocio no era nuevo, pero sí su lógica operativa. La clave estaba en una pieza llamada *lower receiver* (el receptor inferior, que contiene el mecanismo de disparo y define legalmente a un arma de fuego). Hasta mediados de 2022, los *receptores inacabados* o *receptores del 80%* no estaban clasificados como armas. Eran simples bloques de polímero. Su compra no requería licencia ni revisión de antecedentes. Pero una vez perforados y ensamblados se convertían en rifles funcionales. A partir de ahí, el resto del armamento podía montarse como un rompecabezas. Hacían falta más de 70 piezas, pero no había ninguna barrera legal real.

Ese era el trabajo de Bradford. Conseguir los componentes, ensamblarlos en kits, enviarlos por mensajería o en auto. Documentar la operación con fotos. Repetir. No necesitaba cruzar armas: bastaba con cruzar las partes. Le bastaba con una red pequeña y la anuencia de un sistema que, en el mejor de los casos, no mira y, en el peor, lo permite.

¿Dónde están hoy esos 4400 rifles? ¿Cuánta gente ha sido asesinada con ellos? Por su propia naturaleza, es imposible saberlo. No hay número de serie. No hay registro. No hay rastro.

Hay solo balas.

Ozarkcart y su Ghost Gunner

Bradford pasará varios años en la cárcel. Su historia se proyecta en el espejo de otro traficante, Andrew Scott Pierson, sentenciado a 12 años de prisión en 2022. Su caso revela otra dimensión del tráfico de armas: el ensamblaje local, la tecnología casera y la facilidad con la que hoy se pueden producir rifles en un taller doméstico.

La investigación comenzó en 2014, cuando agentes de la ATF detectaron patrones sospechosos en GunBroker.com, un sitio de subastas especializado en armas usadas.[19] Les llamó la atención un usuario con el seudónimo Ozarkcart, que había realizado más de 220 compras de piezas y componentes. No parecía un coleccionista ni un aficionado compulsivo. Su perfil encajaba mejor con el de un ensamblador.

Los agentes siguieron la pista. Detrás de Ozarkcart estaba Andrew Scott Pierson, nacido en Oklahoma en 1974, con antecedentes penales y dueño de dos empresas vinculadas a la compraventa de armas. En septiembre de 2014, tras varios meses de vigilancia, la ATF cateó su casa. Encontraron rifles, pistolas, miles de municiones y una caja con una dirección: Danubio Road, Laredo, Texas, a solo 1 500 metros del río Bravo.

La segunda redada no tardó. En la bodega de Laredo había más piezas, más componentes, más armas. Pero Pierson ya no estaba. Había desaparecido. La investigación se estancó. Durante casi cinco años, el caso quedó congelado. Nadie sabía dónde estaba Ozarkcart. La respuesta era obvia, pero nadie la sospechó a tiempo: Pierson había cruzado la frontera.

Nuestro personaje se instaló en Nuevo Laredo, en una zona residencial al norte de la ciudad. Ahí, en un taller improvisado, reactivó el negocio. Según la Fiscalía, trabajaba con testaferros del Cártel del Noreste y del Cártel Jalisco Nueva Generación. El patrón era simple y efectivo: ordenaba los materiales por internet a una dirección en Laredo, Texas, usando nombres falsos y cuentas bancarias asociadas a sus socios mexicanos. Una mujer —residente texana— recogía los paquetes y los cruzaba cada día. El ensamblaje se realizaba en el taller de Pierson. Todo funcionaba como reloj.

En 2019, un nuevo cateo reveló el alcance del operativo. La policía mexicana, en coordinación con la ATF, irrumpió en el domicilio. Lo que encontraron no era una casa: era una fábrica. Había

---

[19] Corte del Distrito Norte de Oklahoma, "United States vs. Pierson (Case No. 14-CR-0174-CVE)", 7 de febrero de 2019.

casquillos, prensas, rondas de munición, herramientas especializadas y una máquina metálica que parecía una caja fuerte. Pero no era una caja fuerte. Era una Ghost Gunner.

La Ghost Gunner es una fresadora de control numérico (CNC) diseñada para fabricar —desde cualquier sillón— el corazón funcional de un rifle: el *lower receiver*. Basta introducir un bloque de aluminio, conectar el USB con el software y esperar. La máquina corta, perfora y pule la pieza central del arma. El resto del rifle se ensambla con piezas compradas en línea o impresas en 3D. No se necesita más que una computadora, 80 dólares en materiales y algo menos de seis horas.[20] El sitio web del fabricante lo resume con brutal claridad: "No se requiere habilidad previa. GG3 es la forma más popular de terminar rifles no serializados desde la privacidad de tu casa". Más sencillo que en IKEA.

En el taller también encontraron recibos de compra de dos Ghost Gunners: una adquirida en GunBroker.com por 2 100 dólares; otra desde Amazon por 1 800. Entre las cajas había piezas de AK-47, moldes para pistolas, tubos para lanzagranadas M203, chalecos antibalas y cascos tácticos.

Acorralado, Pierson decidió colaborar con la Fiscalía. En 2022 se declaró culpable de violar la Ley de Control de Exportación de Armas y fue sentenciado a 12 años de prisión en Arkansas.[21] Podría salir antes por buena conducta. Pero la pregunta permanece: ¿cuántas armas produjo durante su exilio? ¿Cuántas cruzaron sin dejar rastro? ¿Cuántas siguen disparando?

---

[20] Greenberg, "I Made an Untraceable AR-15 'Ghost Gun' in My Office—and It Was Easy".

[21] Corte del Distrito Este de Arkansas, División Central, "Supplemental Sentencing Memorandum in Support of the United States' Motion for Upward Departure and Variance", 4 de abril de 2022.

Fotografías de la investigación contra Andrew Scott Pierson.
FUENTE: Corte del Distrito Norte de Oklahoma, "United States vs. Pierson (Case No. 14-CR-0174-CVE)".

Los casos de Bradford y Pierson ya no son simples variaciones de un patrón conocido. Representan algo más inquietante: el surgimiento de nuevas formas del tráfico de armas, adaptadas a un entorno donde la tecnología avanza más rápido que la ley, y donde la frontera ya no es una línea física, sino un circuito logístico. En lugar del cruce directo y rudimentario, aparece la ingeniería legal: kits que eluden la definición de *arma*, fresadoras domésticas que mecanizan el crimen, compras en línea que se camuflan como transacciones inocuas. No es la misma violencia de antes. Es otra cosa. Una violencia ensamblada en casa, financiada con clics y distribuida como mercancía.

A continuación, examinaremos muy brevemente los métodos que definen esta mutación: las rutas emergentes, las herramientas que la habilitan y el tipo de sistema que, lejos de contenerla, la hace posible.

Ventas digitales

Las plataformas de compraventa en línea —como GunBroker, Armslist o GunsAmerica— ya no son solo espacios donde ciudadanos estadounidenses adquieren armas para uso personal. Se han convertido en canales estructurales del contrabando hacia México. Operan entre lo legal y lo letal. Hacen que lo que antes requería rutas físicas y redes criminales ahora se articule mediante clics, buzones y envíos fragmentados.

El funcionamiento es cada vez más afinado y casi siempre inalcanzable para la autoridad. Los traficantes no adquieren armas completas. Adquieren piezas y componentes: guardamanos, cañones, miras, receptores inferiores. Compran exactamente lo que hace falta en México y lo hacen desde diferentes cuentas, con entregas dispersas en domicilios de confianza en ciudades fronterizas. El siguiente paso es consolidar esos paquetes y hacerlos llegar —por paquetería o vía terrestre— a talleres clandestinos al sur del río Bravo. El caso de Andrew Scott Pierson, alias Ozarkcart, ilustra esta lógica: más de 200 compras separadas en línea, ensambladas en Oklahoma, enviadas a Texas y luego a México, todo dentro del marco formal del comercio legal de partes. ¿Cuántos como él hay operando en este momento mientras tú lees estas líneas?

Esta modalidad del tráfico de armas combina discreción logística y cobertura legal. Las plataformas permiten —en realidad están hechas para eso— operar sin verificación de antecedentes, sin control de destino y sin restricción sobre el volumen de compras. La dispersión deliberada de identidades, direcciones y métodos de pago contribuye a impedir cualquier patrón de vigilancia. No hay grandes cargamentos. Hay microtransacciones. No hay rutas clandestinas. Hay paquetes con código de rastreo.

El tramo final de la operación está diseñado para evitar el radar policial. Muchas piezas son cruzadas por personas sin antecedentes —a menudo mujeres con residencia legal en Estados Unidos— que transportan los componentes sin necesidad de ocultamiento.

El resultado es un sistema funcional, legal en apariencia, altamente eficiente. La normativa que permite las ventas privadas sin control, la falta de regulación sobre componentes, la ausencia de verificación en la frontera sur: todo forma parte del engranaje.

Piezas sueltas y tráfico fragmentado

Una de las formas más funcionales del contrabando contemporáneo consiste en disgregar el arma antes del cruce. En lugar de traficar rifles completos, los operadores compran y transportan componentes por separado: guardamanos, cañones, empuñaduras, miras ópticas, cargadores, receptores, sistemas de gas. Cada pieza viaja sin ser parte del todo. No es una pistola. No es un fusil. Es una pieza metálica que, por sí sola, no constituye delito.

Este método no solo reduce el riesgo operativo, también aprovecha una estructura legal deliberadamente permisiva. La ley federal estadounidense no exige licencia para vender o adquirir la mayoría de los componentes de un arma, salvo en el caso del receptor inferior completo (*lower receiver*). Incluso los receptores incompletos, por años vendidos como *80% receivers*, escapaban, hasta 2022, a toda regulación.[22] Como resultado, hasta hace poco era perfectamente legal adquirir por separado cada elemento de un AR-15 y enviarlo por paquetería a un domicilio en la frontera sur.

En los últimos años, el tráfico fragmentado ha crecido en paralelo a la disponibilidad de información técnica. Existen guías públicas para ensamblar rifles desde cero, catálogos especializados de partes compatibles y foros en línea donde se explican, paso a paso, las combinaciones más eficientes. Las piezas se compran en línea, se envían a direcciones intermedias y desde ahí se cruzan hacia México por carretera, en vehículos particulares o en paquetes que no despiertan sospecha. Lo que en conjunto sería un arma ilegal, fragmentado se convierte en una secuencia de transacciones legales.

La práctica ya ha sido documentada en múltiples expedientes judiciales. En uno de ellos —el caso de Chandler Bradford, procesado en Texas, ya analizado más arriba— se describe el envío sistemático de partes de AR-15 a bodegas cercanas a la frontera, donde eran consolidadas y luego trasladadas a Monterrey para su ensamblaje.

---

[22] Everytown for Gun Safety, "Untraceable: The Rising Specter of Ghost Guns".

Este tipo de tráfico no requiere capacidad logística sofisticada. Requiere conocimiento técnico, acceso a plataformas de venta y un entorno legal que no impida —y a menudo facilite— la circulación de partes. La violencia que producen estas armas es un fenómeno unificado. Su camino, no. Su ensamblaje es posterior: ocurre en México, pero empieza en los catálogos digitales de Estados Unidos.

Máquinas que arman armas

En el universo del tráfico de armas hacia México, una de las transformaciones más preocupantes es el traslado de la capacidad de manufactura al nivel doméstico. Ya no solo se trafican armas completas ni piezas sueltas: ahora también se trafica el conocimiento técnico y la maquinaria necesaria para producirlas desde cero.

El caso más representativo es el de la Ghost Gunner, una fresadora portátil con control numérico computarizado (CNC), capaz de mecanizar el *lower receiver* de un rifle a partir de una pieza de aluminio inacabada.

En términos legales, el receptor inferior es la única parte de un rifle clasificada como *arma de fuego*. Pero mientras no esté perforado ni habilitado para ensamblar el mecanismo de disparo, puede circular sin restricciones. Lo que hace la Ghost Gunner es exactamente eso: toma un *80% receiver*, lo perfora con precisión industrial y lo convierte en la pieza funcional que da origen legal al arma. El resto del rifle se ensambla con componentes adquiridos sin mayor dificultad. El resultado es un arma completa, sin número de serie, sin historial, sin rastro. Una *ghost gun*. Un arma fantasma.

La Ghost Gunner pesa menos de 10 kilos, cabe en una cajuela, se opera con software libre y puede ser adquirido en línea por menos de 900 dólares. En su sitio oficial (GhostGunner.net) la empresa Defense Distributed la promueve sin eufemismos: "GG3 es la forma más popular de terminar rifles no serializados desde la privacidad de tu casa". No se requiere experiencia previa. Solo una computadora y una pieza de aluminio.

El caso de Andrew Scott Pierson muestra cómo esta tecnología ha sido utilizada directamente para abastecer el mercado mexicano. Pierson fabricaba las armas desde cero, pieza por pieza, con tecnología doméstica de bajo perfil y alta eficiencia.

El problema no es solo lo que esa máquina produce. Es la facilidad con la que circula, se opera y se integra a una red de tráfico. No es equipo militar. No requiere licencia especial. Se vende como herramienta de uso personal. En manos de operadores como Pierson, se convierte en una miniatura industrial que abastece a grupos armados sin pasar por ninguna aduana o verificación.

El verdadero riesgo estructural está en la replicabilidad del modelo. Basta con una Ghost Gunner, un lote de *80% receivers*, una cuenta de usuario y una conexión a internet. Todo lo demás —envíos, piezas, manuales, videos tutoriales— está disponible. Ya no es necesario desviar armas del mercado legal: basta con producirlas en casa, con una máquina diseñada explícitamente para evitar el rastreo.

Las armas fabricadas con una Ghost Gunner son invisibles para todo el aparato regulatorio. Por eso son fantasmas. Con absurda frecuencia, cada vez más, aparecen en decomisos en ciudades como Tijuana, Monterrey, Matamoros y Culiacán, ensambladas con piezas diversas, pero con receptores mecanizados localmente. Lo que antes requería industria, hoy cabe en un oscuro sótano de cualquier calle, de cualquier ciudad.

Impresión 3D: la manufactura sin industria

Si la Ghost Gunner representa la industrialización portátil del tráfico de armas, la impresión 3D empuja todavía más lejos los límites de la producción descentralizada. Si bien su uso aún no es masivo en el contexto mexicano, su potencial disruptivo es evidente. Por primera vez, el plano digital sustituye a la fábrica. Lo que antes se compraba o ensamblaba ahora puede imprimirse en plástico desde una computadora doméstica. En cualquier momento.

La primera arma impresa en 3D —la Liberator, desarrollada en 2013 por la misma empresa que más tarde comercializó la Ghost

Gunner— era rudimentaria y frágil. En su inicio, fue más símbolo que amenaza. Hoy, una década después, existen modelos de pistolas semiautomáticas, rifles y piezas críticas disponibles en línea para descarga gratuita. Las comunidades virtuales de "armamentistas caseros" comparten archivos, tutoriales y mejoras de diseño con rapidez y precisión. Algunas versiones ya permiten imprimir no solo el armazón externo, sino también piezas funcionales como gatillos, retenes o mecanismos de alimentación. Año con año la innovación tecnológica derriba fronteras.

Entre 2017 y 2021, las autoridades estadounidenses incautaron casi 38 000 armas fantasma; tan solo en 2021 se contabilizaron 19 273. En los primeros seis meses de 2023, se registraron 108 arrestos vinculados a armas impresas, frente a 66 en todo 2022.[23]

Para el tráfico de armas hacia México, la impresión 3D abre posibilidades inéditas. Un archivo puede cruzar la frontera por correo electrónico, Telegram, WhatsApp o mediante una memoria USB.

Una vez en territorio mexicano, con una impresora 3D de gama media —menos de 500 dólares en el mercado estadounidense— puede iniciarse la producción doméstica. Cabe en una maleta. Se instala en una mesa. Imprime en horas.

La DEA ha reportado que más del 10% de las armas confiscadas en operativos recientes ya son *ghost guns* impresas en 3D, y que al menos 40 arrestos entre 2022 y 2024 involucraron a ciudadanos mexicanos vinculados a cárteles que fabricaban o vendían estas armas dentro del territorio estadounidense.[24] Lo que antes requería un proveedor, un cruce y un ensamblador hoy puede realizarse en un solo punto, de forma autónoma, portátil y clandestina.

Es cierto: las armas impresas en 3D aún tienen limitaciones técnicas: son menos duraderas, menos precisas, más vulnerables al calor o al uso intensivo. Pero esas debilidades se reducen cada mes, cada

[23] Nir Kshetri, "The Escalating Threat of 3D-Printed 'Ghost Guns'", *Governing*, 7 de enero de 2025.

[24] Laura Sánchez Ley, "Hecha con impresora 3D, una de cada 10 armas confiscadas: DEA", *Milenio*, 16 de mayo de 2024.

semestre, cada generación. La combinación de piezas impresas con partes metálicas adquiridas en línea permite ensamblar armas híbridas con plena funcionalidad operativa. Algunas versiones, como el modelo FGC-9 (Fuck Gun Control 9 mm), fueron diseñadas específicamente para evitar el uso de partes reguladas. Incluso el cañón puede ser producido con herramientas mínimas y materiales de ferretería.[25]

El fenómeno no es exclusivo de Estados Unidos. Aunque el 36% de los arrestos globales por posesión de armas impresas en 2023 se concentró en ese país, países como Canadá, Alemania, España, Australia y Nueva Zelanda también registran aumentos sostenidos.[26]

Las autoridades mexicanas ya han reportado incautaciones aisladas de armas con componentes impresos en 3D, especialmente en Baja California y Jalisco. Aunque el fenómeno aún no alcanza la escala de otras modalidades, su lógica es estructural: el desmantelamiento de la cadena de suministro. Lo que se externalizaba —la producción, el ensamble, el cruce— ahora puede realizarse en un solo punto, de forma autónoma y clandestina.

La impresión 3D no reemplazará a corto plazo a las armas industriales, pero abre la posibilidad de un tráfico sin tránsito, de una violencia sin intermediarios, de un mercado sin rutas. Es el paso siguiente en la descentralización de la violencia: un arma que no se compra, no se registra, no se transporta. Solo se imprime.

* * *

Si algo revelan los casos de Bradford, Pierson y decenas más es que el tráfico de armas no requiere necesariamente de redes sofisticadas ni de rutas complejas. Basta una conexión a internet, una tarjeta bancaria, una impresora 3D y una dirección postal. El ensamblaje

---

[25] Samira Shackle, "'Gun Control Is Dead, and We Killed It': The Growing Threat of Firearms That Can Be Made at Home", *The Guardian*, 7 de diciembre de 2024.

[26] Rueben Dass, "3D-Printed Firearms: Global Proliferation Trends and Analyses", *Studies in Conflict & Terrorism* (2025): 1-35.

puede ser casero; la distribución, automatizada; la producción, portátil.

En menos de dos décadas, el sistema de tráfico ha mutado: de cargamentos ocultos en vehículos a armas impresas en casa; de operadores especializados a ensambladores aficionados. El mercado de armas en 2025 no se parece al de 2007. Todo indica que, lamentablemente, los casos de Bradford y Pierson no serán excepcionales, sino representativos.

El tráfico se ha vuelto más barato, más accesible, más difícil de rastrear. Se multiplicaron los actores, se diluyeron las rutas, se desdibujaron los orígenes. El futuro del tráfico de armas ya no está en las aduanas, sino en la nube, en los archivos, en los códigos de software. Es un tráfico sin mapas, sin fronteras y —por ahora— sin control.

La arquitectura de la impunidad binacional

Por último, antes de pasar a la sección sobre los efectos de la violencia que vino del Norte, una reflexión: nada de lo anterior sería sostenible sin un sistema de impunidad cuidadosamente engrasado en ambos lados de la frontera. Las armas circulan porque nadie las detiene. No hay incentivos para frenar el flujo. En Estados Unidos, la impunidad tiene forma de ley. Es una arquitectura jurídica construida para proteger a fabricantes, distribuidores y vendedores. En México, en cambio, adopta el rostro de la omisión, el encubrimiento y la parálisis institucional. Juntas, ambas formas de impunidad conforman un ecosistema perfecto para que las armas crucen sin resistencia.

Hace falta recordarlo y reescribirlo tantas veces como haga falta: del lado estadounidense, el sistema está blindado por diseño. Leyes como la PLCAA impiden que los fabricantes y distribuidores de armas sean responsables por el uso criminal de sus productos. Las enmiendas Tiahrt restringen el acceso a los datos de rastreo, bloqueando investigaciones periodísticas, fiscales o ciudadanas. Por si fuera poco, la ATF opera con recursos limitados y con margen de acción estrecho: apenas inspecciona una fracción de las tiendas registradas y rara vez revoca licencias, incluso ante la reincidencia.

Del lado mexicano, la impunidad no está codificada en leyes; está normalizada en prácticas. Las aduanas apenas inspeccionan, los decomisos son irrisorios, las fiscalías acumulan carpetas sin resolver y los gobiernos estatales se deslindan. La mayor parte del armamento asegurado no genera investigaciones reales ni detenciones significativas. Más del 95% de los homicidios con arma de fuego no se resuelve. La justicia penal no persigue el origen de las armas: persigue, en el mejor de los casos, a quien dispara.

La combinación es explosiva: una nación que produce y exporta sin restricciones, y otra que no investiga ni castiga. El resultado es un sistema binacional de impunidad perfectamente funcional. Mientras ese sistema permanezca intacto, el flujo de armas y de muertos seguirá su curso. Sin interrupciones. Sin responsables.

* * *

El desastre que analizaremos en el siguiente capítulo fue fabricado. Estamos ante una crisis diseñada, permitida y sostenida por la interacción entre dos sistemas: uno que exporta armas legalmente, y otro que las recibe sin capacidad ni voluntad de detenerlas. Las cifras lo prueban. Los rastros lo confirman.

Cada dato de rastreo que vincula un arma homicida con una tienda de Arizona. Cada decomiso mínimo en una aduana mexicana. Cada cifra de impunidad que alcanza el 95%. Todo apunta a una misma conclusión: la violencia fue alimentada. El volumen de muertos es la consecuencia predecible de un sistema legal que permite vender rifles de asalto como si fueran herramientas de caza, y de otro que no investiga cómo llegaron al crimen.

Los datos de la ATF, los informes de la Oficina de Responsabilidad Gubernamental (U.S. Government Accountability Office, GAO), los modelos de tráfico armamentista, las bases de rastreo liberadas por litigios de Stop US Arms to Mexico, todos convergen: el flujo de armas, más que un río silvestre, es un ducto estructural. Tiene entradas, válvulas, operadores, zonas de saturación. No hay caos, hay arquitectura. Esa arquitectura produce violencia con una eficiencia brutal.

Esta es la paradoja central de la guerra mexicana: el principal insumo de su violencia no se fabrica en México, pero tampoco se oculta. Se vende a plena luz en tiendas reguladas, se transporta en autos particulares y se dispara en las calles, montañas y comunidades donde el Estado ya no entra. Una parte de la crisis está escrita en pólvora. Otra, en contratos legales. Lo que une a ambas es la omisión deliberada: la decisión —consciente, sostenida— de no interrumpir el ciclo.

Lo que hace tan monstruosa la violencia que vino del Norte es su previsibilidad. Contra lo que sugirió Alejandro Hope, no se trató de una tormenta perfecta.[27] Fue una tormenta construida. Por actores que sabían, por instituciones que miraron hacia otro lado, por normas que priorizaron el negocio sobre la vida.

---

[27] Hope, "Violencia 2007-2011. La tormenta perfecta".

6

El efecto en México

Este capítulo no trata sobre el tráfico de armas. Ese camino ya lo recorrimos. Lo que aquí interesa no es cómo cruzaron la frontera, sino qué ocurrió después. Qué pasó cuando miles de fusiles de asalto irrumpieron en un país con instituciones frágiles y mercados ilegales densos. La pregunta es una y es simple: ¿qué mutaciones provocó la circulación masiva de armas de guerra en los conflictos, en los cuerpos, en las organizaciones criminales y en la propia respuesta estatal?

Este capítulo examina los efectos concretos que tuvo la proliferación de armas en la violencia mexicana.

Primero, el más evidente: la letalidad. A partir de 2007 no solo aumentaron los homicidios, sino que una proporción cada vez mayor fue ejecutada con armas de fuego. El país se volvió más violento y, sobre todo, más letal.

Segundo, la transformación del crimen: las organizaciones se profesionalizaron, se jerarquizaron y militarizaron. El poder de fuego facilitó no solo su expansión territorial, sino también la diversificación de sus actividades económicas: cobro de piso, extorsión, robo de combustible, secuestro. En paralelo, distintas instancias del Estado comenzaron a ser capturadas. La relación entre armas, control territorial y captura institucional se volvió más nítida y funcional.

Tercero, el efecto sobre el Estado: la militarización como respuesta. Cuando el crimen se armó como ejército, el gobierno respondió como si enfrentara uno. Al militarizarse el crimen, el

Estado lo hizo también. Las dolorosas consecuencias las seguimos viendo hasta hoy.

La curva del armamento

Antes de analizar los efectos específicos que tuvo la proliferación de armas en la transformación del crimen organizado, la diversificación económica delictiva o la militarización del Estado, conviene observar con atención una tendencia que conecta a los tres procesos: el aumento sostenido del flujo de armas desde Estados Unidos.

La gráfica que sigue —elaborada a partir de las estimaciones de Topher McDougal— muestra una trayectoria inequívoca. Se trata, además, de una estimación intermedia: no representa los valores máximos ni mínimos del tráfico, sino un punto medio entre escenarios posibles.[1]

Gráfica 6.1

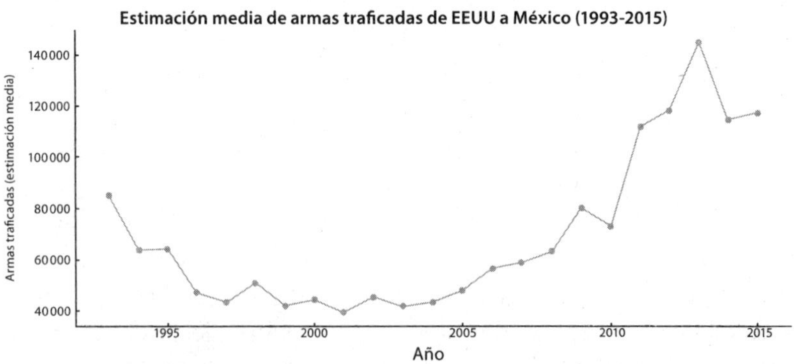

Fuente: Elaboración propia con base en datos abiertos de Topher McDougal, *The Conversation*, 2025.

[1] En algunos años, como 2013, el modelo proyecta un máximo de más de 270 000 armas traficadas en solo 12 meses. Véase McDougal y Campbell, "Mexican Drug Cartels Use Hundreds of Thousands of Guns Bought from Licensed US Gun Shops".

Durante más de una década, entre 1993 y 2007, el número de armas traficadas se mantuvo relativamente estable, oscilando entre las 40 000 y 60 000 unidades por año. A partir de 2008, sin embargo, comienza un ascenso acelerado: en solo cinco años, el volumen estimado de armas traficadas se duplica, triplica y luego se estabiliza por encima de las 110 000 unidades anuales. El punto de inflexión coincide con la intensificación de la violencia en México, el despliegue militar masivo ordenado por el gobierno de Felipe Calderón y el agotamiento de las pocas barreras normativas que aún limitaban la circulación de rifles de asalto en el mercado estadounidense. El dato importa por lo que revela: el tráfico de armas se convirtió en una constante estructural del conflicto.

El aumento en el número de armas traficadas hacia México, registrado a partir de 2007, no puede entenderse de forma aislada. Corresponde a un fenómeno más amplio que ya revisamos en el capítulo segundo: la expansión acelerada del aparato productivo armamentista en Estados Unidos.

Conviene refrescar algunos datos: entre 2005 y 2015, la producción total de armas de fuego casi se triplicó: pasó de 3.2 millones de unidades en 2005 a más de 9.3 millones en 2015. Esta tendencia fue exponencial. A partir de 2008, cada año superó al anterior con márgenes crecientes, hasta alcanzar un pico histórico en 2013 con más de 10.8 millones de armas fabricadas.

Aún más reveladora es la trayectoria específica de los rifles. En ese mismo periodo, la producción de este tipo de armas se multiplicó por 2.5: de poco más de 1.4 millones de rifles manufacturados en 2005, pasó a casi 3.7 millones en 2015. El crecimiento más drástico ocurrió entre 2011 y 2013, coincidiendo con los años de mayor incremento en las cifras de tráfico estimado hacia México.

Lo que ocurría en Estados Unidos —ese *boom* productivo descrito en el capítulo segundo— tuvo su contraparte directa en México. A medida que aumentaba el flujo de armas hacia el sur, también crecían las incautaciones.

La siguiente gráfica lo muestra con nitidez: entre 2003 y 2011, el número de rifles decomisados por la Sedena se cuadruplicó. El cambio no fue menor. Los aseguramientos de fusiles y pistolas siguieron una trayectoria paralela, confirmando que lo que estaba ocurriendo era el resultado de un reacomodo estructural en la oferta del mercado negro.

Gráfica 6.2

Armas decomisadas por tipo en México (2003-2011)

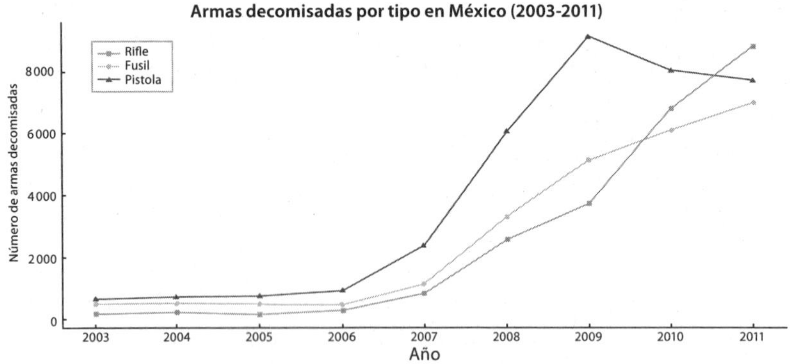

Fuente: Solicitud de información a la Sedena - No. Folio: 330026424000540

Esa curva ascendente de decomisos refleja dos procesos que ocurrieron en simultáneo. El primero, ya señalado, es el incremento brutal en la disponibilidad de armas en Estados Unidos, que derivó en un mayor volumen de tráfico hacia México. El segundo, aún más preocupante, es el tipo de armas que comenzaron a circular con mayor frecuencia. Las cifras indican un aumento sostenido de armas largas: fusiles, rifles, armamento de uso militar.

No solo entraban más armas. Entraban armas distintas. Más potentes, más letales, con mayor cadencia de disparo y más adecuadas para grupos criminales que buscaban disputar el control territorial al Estado.

Para entender con mayor claridad cómo las armas transformaron la violencia en México, conviene hacer un *zoom* territorial. El caso de Tamaulipas es ilustrativo. A lo largo de la última década, este estado fronterizo se convirtió en uno de los principales laboratorios del crimen organizado, y también en uno de los receptores más visibles del flujo armamentista proveniente de Estados Unidos.

Gráfica 6.3

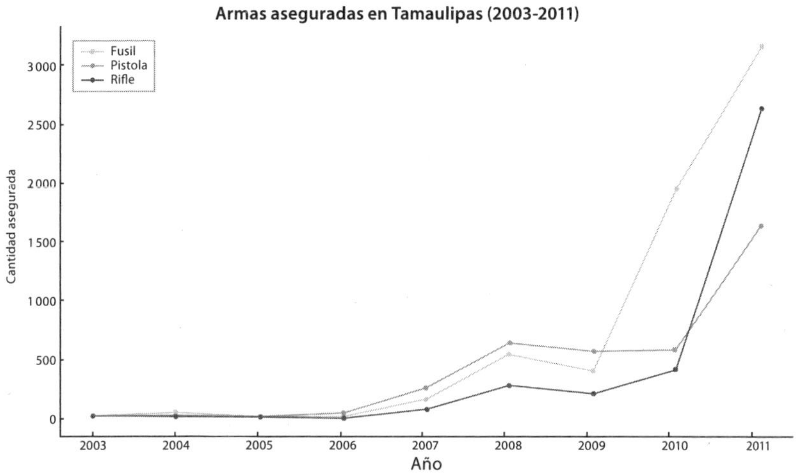

Otra vez, la gráfica lo muestra con nitidez: entre 2003 y 2011, las incautaciones de rifles en Tamaulipas pasaron de apenas 18 unidades a más de 320. En el caso de las pistolas, el salto fue de 90 decomisos en 2003 a 572 en 2011. Los fusiles, que en 2003 sumaban 54 registros, superaron los 430 decomisos ocho años después. Lo más revelador, sin embargo, no es el número, sino el tipo de armas aseguradas. Se trata de armas largas —fusiles de asalto, rifles semiautomáticos— que, hasta entonces, eran prácticamente inexistentes en los registros oficiales. A esa transformación habría que sumar, aunque no aparezcan en esta gráfica, el aumento de armas aún más letales como las subametralladoras y ametralladoras. En 2003, solo se reportaron dos subametralladoras incautadas en el estado; en 2011 fueron 48. Las ametralladoras, por su parte, pasaron de cero en 2003 a 26 decomisos en 2010. No eran armas comunes. No eran siquiera conocidas en la mayoría de los municipios del estado. Su circulación modificó la escala del conflicto, pero también su lógica. El armamento pasó de ser herramienta para defender cargamentos a volverse indispensable para la conquista de territorios, la intimidación de autoridades y el sometimiento de poblaciones enteras.

Lo que ocurrió en Tamaulipas se repitió en otras partes. Pasó en Guerrero, en Michoacán, en Sinaloa, en Sonora. La misma dinámica, una y otra vez: rifles donde antes había pistolas, ametralladoras donde antes no había nada. Armas que eran inusuales empezaron a aparecer con regularidad en operativos militares y policiales. Con ellas se multiplicaron también los cuerpos.

Si hasta aquí seguimos el rastro del armamento —su volumen, su circulación—, en la siguiente sección toca mirar las consecuencias más directas: los efectos letales. Los más feroces.

El efecto letal

Esta sección condensa la hipótesis central del libro: lo que ocurrió en Estados Unidos —en sus fábricas, en sus legislaciones, en sus tiendas— tuvo efectos directos sobre la violencia homicida en México. Es una afirmación empírica respaldada por múltiples estudios que han intentado cuantificar la relación entre la disponibilidad de armas del lado norteamericano y el número de asesinatos cometidos del lado mexicano. No todos coinciden en sus métodos ni en sus supuestos, pero todos apuntan en la misma dirección: el libre acceso a armamento de alto poder en Estados Unidos tuvo y ha tenido efectos letales al sur del río Bravo.

Antes de entrar en el detalle de estos estudios, conviene observar lo que muestra el registro forense. En el año 2005 se cometieron en México menos de 10 000 homicidios. El INEGI contabilizó exactamente 9 921. De ese total, algo más de la mitad —el 51.4%— fue cometido con un arma de fuego. Solo cinco años después, en 2010, la misma fuente registró 25 757 homicidios: una diferencia de más de 15 000 asesinatos en apenas un lustro. El tamaño de un estadio mediano de futbol. Pero lo extraordinario no está solo en el salto absoluto de homicidios, sino en una estadística que entonces pasó desapercibida: el crecimiento en casi 20 puntos porcentuales de los homicidios ejecutados con armas de fuego. Según el INEGI, el 70.6% de los asesinatos en 2010 fueron perpetrados con un arma de fuego. Siete de cada 10.

Gráfica 6.4

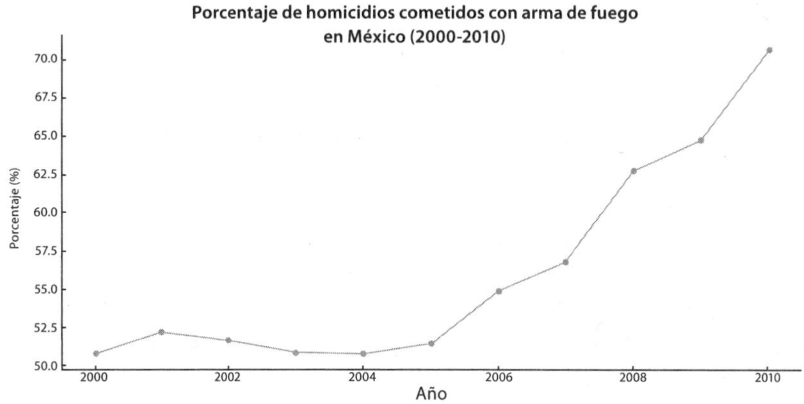

Fuente: Elaboración propia con base en datos del Instituto de Estadística y Geografía (INEGI).

Esto quiere decir que en cinco años no solo se cometieron más homicidios, sino que, de forma creciente, se cometieron con armas de fuego. La violencia se tecnificó. A partir de 2010 el porcentaje de homicidios con armas de fuego rara vez ha bajado del 65 %. Desde 2017, la estadística se estabilizó en un rango de entre un 68 % y 71 %. Una meseta que no representa calma, sino persistencia.

Estas cifras trazan el contorno del fenómeno. Pero para entender su mecánica —no solo cuánto se mató, sino por qué y cómo— es necesario ir más allá del dato bruto. Uno de los estudios más sólidos en esa dirección es el que publicaron, en 2013, Arindrajit Dube, Oeindrila Dube y Omar García-Ponce en la *American Political Science Review.*[2] Su hipótesis central: los cambios en la regulación de armas en Estados Unidos —específicamente el vencimiento de la AWB en 2004— provocaron un aumento en el flujo de armas de alto poder hacia México, lo que a su vez tuvo efectos medibles en las tasas de homicidio en los municipios fronterizos mexicanos. Para demostrarlo, los autores compararon la evolución de los homicidios en

[2]Arindrajit Dube, Oeindrila Dube y Omar García-Ponce, "Cross-Border Spillover: U.S. Gun Laws and Violence in Mexico", *American Political Science Review* 107, núm. 3 (2013): 397-417.

municipios mexicanos cercanos a los estados de Estados Unidos con leyes de armas más laxas con la de aquellos más alejados, antes y después del fin de la AWB. Esta comparación les permitió estimar el impacto directo que tuvo el cambio legal en la violencia.[3]

El diseño del estudio se apoya en una arquitectura normativa precisa. Como revisamos en los capítulos tres y cuatro, la AWB promulgada en 1994 prohibía la fabricación, venta y posesión de armas semiautomáticas de estilo militar, así como de cargadores de alta capacidad. La ley expiró en 2004 sin ser renovada, lo que abrió nuevamente el mercado estadounidense a este tipo de armamento. Ahora bien, la AWB no afectaba de manera uniforme a todos los estados de la Unión. Algunos, como Texas, Arizona y Nuevo México, eliminaron las restricciones de inmediato tras la expiración de la ley federal. Otros, como California, mantuvieron sus propias prohibiciones estatales y se convirtieron en una excepción normativa. Oasis en el medio del desierto.

Esta diferencia regulatoria generó una división empírica valiosa: convirtió a California en un grupo de control natural frente al resto de la frontera sur. En paralelo, los datos mostraban que más del 70% de las armas decomisadas en México en 2006 provenían de Estados Unidos. Con estos elementos, los autores diseñaron su estrategia: si las armas venían de Estados Unidos, y si su disponibilidad se incrementó en ciertos estados más que en otros, entonces debía observarse un aumento mayor en los homicidios en los municipios mexicanos colindantes con esos estados. Eso es exactamente lo que encontraron.

El diseño metodológico explota esta discontinuidad geográfica. Al comparar la evolución de la violencia en los municipios mexicanos más cercanos a Texas, Arizona y Nuevo México con la de aquellos más cercanos a California, los autores logran identificar un efecto diferencial atribuible al cambio legal. De acuerdo con sus

[3] La estrategia utilizada es un modelo de diferencias en diferencias (*difference-in-differences*), una técnica estadística común en economía y ciencia política para estimar efectos causales a partir de cambios en políticas públicas.

estimaciones, los municipios más próximos a los corredores de tráfico experimentaron un aumento sostenido y significativo en las tasas de homicidio tras el fin de la ABW. El modelo estima que la violencia letal creció más de un 60% en esos municipios, con un punto de inflexión claro en 2007 y un efecto persistente en los años posteriores. El cambio marcó el inicio de una nueva fase. Una fase armada.

Los autores controlan múltiples variables —niveles socioeconómicos, rutas de tráfico de drogas, alternancia política, presencia estatal—, y, aun así, el efecto persiste. Eso permite aislar el impacto específico del acceso a armas como factor explicativo de la violencia. Por lo demás, el estudio enfatiza que no se trata de cualquier tipo de arma, sino de rifles semiautomáticos de alta capacidad, fabricados legalmente en Estados Unidos y adquiridos en tiendas registradas. Estas armas —particularmente variantes del AR-15 y del AK-47— fueron sistemáticamente utilizadas por organizaciones como el Cártel de Sinaloa, Los Zetas o el Cártel del Golfo. La disponibilidad masiva de este tipo de armamento alteró la forma de la guerra criminal en México: intensificó los enfrentamientos, desató carreras armamentistas, incrementó el número de muertos y cambió las reglas del juego.

El efecto no fue homogéneo. Fue más agudo en ciertos municipios, más persistente en zonas específicas, más devastador donde las organizaciones criminales disputaban control territorial. Lo que el modelo revela —más allá de las cifras agregadas— es un cambio cualitativo: el armamento multiplicó la letalidad y reconfiguró el conflicto. A mayor acceso a rifles semiautomáticos, menor necesidad de cautela, mayor capacidad de fuego y mayor poder intimidatorio. En regiones como Tamaulipas, Chihuahua o Sonora, el resultado fue una escalada sostenida de violencia.

La fortaleza del artículo reside en su claridad causal. Es una demostración empírica rigurosa de que el desmantelamiento del marco regulatorio estadounidense tuvo consecuencias letales al sur de la frontera. Este es el argumento central de todo este libro: lo que ocurrió en Estados Unidos no se quedó en Estados Unidos. El impacto de sus decisiones legislativas se midió en cadáveres del otro lado del río Bravo. Este estudio, con datos, métodos y evidencia, lo demuestra sin ambigüedades.

El segundo estudio que conviene revisar, y que refuerza de forma rigurosa la hipótesis central de este libro, fue publicado por David Pérez Esparza, Shane Johnson y Paul Gill en 2019.[4] Su pregunta de partida es simple: ¿por qué México se volvió tan violento justo cuando el mundo iba en la dirección contraria? En lugar de recurrir a explicaciones coyunturales o culturales, los autores proponen una respuesta estructural: el acceso masivo a armas provenientes de Estados Unidos reconfiguró los incentivos del crimen organizado y elevó de forma radical la letalidad de los conflictos.

El estudio cubre el periodo 1999-2011 y avanza en tres pasos. Primero, observa qué ocurrió con la producción legal de armas en Estados Unidos tras la expiración de la AWB, la aprobación de la PLCAA y la entrada en vigor de las enmiendas Tiahrt. Los datos muestran un salto evidente: la correlación entre los cambios regulatorios y el crecimiento en la producción es altísima ($r = 0.90$, $p < 0.001$). Lo interesante no es solo cuánto creció el volumen, sino dónde: hacia mediados de los 2000, los estados fronterizos como Texas y Arizona comenzaron a concentrar una parte creciente del aparato productivo.

En el segundo paso, el estudio analiza si ese aumento en la producción tuvo efectos reales en México. Como no existe un registro confiable de armas ilegales, los autores utilizan las incautaciones del Ejército como un *proxy* —una práctica común en el análisis de mercados ilícitos— y contrastan sus variaciones con los niveles de producción del lado estadounidense. El resultado, otra vez, xes elocuente: una correlación de 0.94 ($p < 0.001$), más intensa a partir de 2005 y especialmente marcada en los estados fronterizos. Es decir: las armas no solo se producían más, sino que cruzaban más.

[4] David Pérez Esparza, Shane D. Johnson y Paul Gill, "Why Did Mexico Become a Violent Country?: Assessing the Role of Firearms Trafficked from the U.S.", *Security Journal* 33, núm. 2 (2019): 179-209.

Pero la pieza clave del estudio está en el tercer paso: demostrar que esa mayor disponibilidad de armas tuvo consecuencias letales. Utilizando modelos de panel con efectos fijos —diseñados para evitar sesgos por variables omitidas— los autores prueban que la presencia de armas ilegales está asociada con un aumento significativo en los homicidios, sobre todo los cometidos con arma de fuego. El patrón es territorial: el efecto es más fuerte en los estados del norte y se va debilitando hacia el sur. Es decir: la violencia sigue el trayecto de las armas.

Por último, el estudio también observa un cambio cualitativo: el acceso a armamento de alto poder modificó la conducta del crimen organizado. Aumentaron los secuestros, las extorsiones, los ataques armados contra fuerzas de seguridad. Los grupos criminales dejaron de esconderse: ahora podían atacar, resistir y controlar. La violencia se volvió más estratégica, más abierta, más letal. Y todo —como muestran los datos— comenzó al norte del río Bravo.

El tercer estudio es el ya citado trabajo de McDougal y Campbell. A partir de su extraordinaria base de datos —que incluye documentos oficiales filtrados por el colectivo Guacamaya—, los autores desarrollan un modelo para estimar el impacto específico del tráfico de armas en la violencia homicida. Su hallazgo central: por cada 10 000 armas traficadas desde Estados Unidos, la tasa de homicidios en México aumenta en 1.83 puntos por cada 100 000 habitantes al año siguiente. Es un vínculo directo, cuantificable, replicable. Una línea de causa y efecto que atraviesa la frontera.

Lo que este estudio aporta es una medida concreta de la intensidad del daño. Tiene densidad demográfica, ritmo anual, expresión numérica. La cifra —1.83— debería leerse no como un dato, sino como una acusación. Cada aumento en el flujo de armas tiene consecuencias inmediatas y predecibles. Lo más alarmante es que esa consecuencia no se diluye con el tiempo: se repite año con año, cada vez que el mercado estadounidense vuelve a alimentar al crimen organizado mexicano.

Por último, menciono un trabajo publicado en 2024 por mi amigo y colega Eugenio Weigend, junto con un grupo de investigadores de la Universidad de Míchigan.[5] Este estudio extiende la lógica del daño más allá de nuestra frontera sur. Va más allá del caso mexicano para demostrar cómo la simple existencia de un mercado armamentista expansivo en Estados Unidos tuvo efectos regionales devastadores entre 1991 y 2019. La pregunta que guio su investigación fue directa: ¿afecta la fabricación e importación de armas de fuego en Estados Unidos las tasas de homicidio por arma de fuego en Centroamérica y el Caribe? La respuesta es afirmativa, precisa y estadísticamente robusta.

Utilizando datos del Estudio Mundial sobre la Carga de Enfermedades (Global Burden of Disease) y un modelo de efectos fijos con múltiples controles, los autores demostraron una correlación clara entre el crecimiento del mercado legal estadounidense y la intensificación de la violencia letal en países como México, Honduras, El Salvador, Guatemala y República Dominicana.[6] El hallazgo más demoledor es este: por cada millón de armas fabricadas o importadas anualmente en Estados Unidos, la región experimenta un aumento de 1.42 homicidios por arma de fuego por cada 100 000 habitantes. Trasladado a escala humana, eso significa que cada millón de armas nuevas en el mercado estadounidense equivalió a aproximadamente 3 030 homicidios en Centroamérica y el Caribe.

Otra vez, la especificidad del resultado es clave. El efecto se concentra únicamente en los homicidios cometidos con armas de fuego; los homicidios sin armas no muestran la misma tendencia. Tampoco se trata de una simple coincidencia temporal: el

---

[5] Eugenio Weigend Vargas *et al.*, "Firearm Manufacturing and Imports in the USA and Their Association to Firearm Homicides in Central America and the Caribbean, 1991–2019", *Injury Prevention* 30, núm. 5 (2024): 381-386.

[6] El estudio utiliza un modelo de regresión de efectos fijos a dos vías, con controles por país y año. Esto para aislar el efecto específico de la fabricación e importación de armas de fuego en Estados Unidos sobre los homicidios por arma de fuego en 15 países de Centroamérica y el Caribe. El modelo incluye variables de control que cambian en el tiempo —como tasas de desempleo, crecimiento urbano y porcentaje de jóvenes—, así como análisis de sensibilidad que incorporan errores estándar robustos, rezagos temporales y análisis de control negativo.

periodo en el que la fabricación de armas en Estados Unidos se disparó —de menos de cinco millones en 2004 a más de 13 millones en 2012— coincide con el punto más álgido de la violencia armada en la región. La curva de la producción fue también la curva del derramamiento de sangre.

Este trabajo refuerza una idea que atraviesa todo el capítulo: la violencia en México —y en buena parte de Centroamérica— no puede explicarse sin mirar hacia arriba. Lo que ocurre en los arsenales, las fábricas y los puertos de entrada estadounidenses no se queda ahí. Tiene eco. Tiene víctimas. Y tiene responsables. La industria armamentista estadounidense, incluso en su dimensión legal, es una variable estructural del desangramiento regional. No hay forma de comprender la letalidad mexicana y centroamericana sin contar las armas que nunca debieron fabricarse.

La arquitectura del crimen

La violencia de Los Zetas no cabe en este capítulo. No cabe en este libro. No cabe en una biblioteca. Ni en 50. Por eso aquí no me interesa describirla. Lo que importa es otra cosa: entender lo que su existencia representó. Los Zetas fueron una ruptura. Una forma nueva de hacer la guerra desde el crimen. Una etapa superior.

La historia es conocida y solo vale resumirla. El grupo nació a finales del siglo XX como escolta personal de Osiel Cárdenas Guillén, entonces jefe del Cártel del Golfo, una organización que había comenzado en el contrabando de alcohol durante la ley seca. Cárdenas, apodado el Mata Amigos, asumió el control en 1998. Para entonces ya lo protegía Arturo Guzmán Decena, el Z-1, exteniente del Grupo Aeromóvil de Fuerzas Especiales (GAFE), entrenado en contrainsurgencia y formado, como varios de sus hombres, en la Escuela de las Américas, en Estados Unidos. Su primera misión oficial fue en Chiapas, contra los zapatistas. La segunda, en Tamaulipas, al servicio del narco.

A partir de 1997, Guzmán Decena comenzó a reclutar en bares de la frontera a otros *gafes* destacados en la región. Los convencía, uno por uno, de abandonar el Ejército y sumarse al grupo de seguridad de Cárdenas. Hay quien dice que fueron 31 los desertores; otros hablan de 14. Todos sabían usar armas largas, moverse en unidades compactas, operar con disciplina. Todos sabían matar. Lo novedoso, además de la violencia, fue su profesionalismo. Antes, la protección criminal solía recaer en policías coludidos, activos pero encubiertos. Lo raro era contratar a militares de élite como fuerza privada de tiempo completo. Lo raro era construir una organización criminal sin lazos familiares ni historia común, fundada solo en la eficacia armada.

El grupo creció rápido y cambió aún más rápido. En noviembre de 2002, el Ejército abatió a Guzmán Decena. En marzo de 2003, cayó Osiel Cárdenas. Pero Los Zetas no desaparecieron. Se adaptaron. Tomó el control Heriberto Lazcano, el Z-3. Al inicio, se subordinó al hermano de Osiel, Ezequiel Cárdenas, alias Tony Tormenta. Pero no por mucho tiempo. Los Zetas tenían otra lógica: células móviles, despliegue táctico, mando operativo.[7] Se movían como comandos. Su brutalidad era método. Tiempo después, serían señalados —según el artículo 7 del Estatuto de Roma— como grupo responsable de crímenes de lesa humanidad. Sus ataques fueron "generalizados y sistemáticos contra la población civil".[8]

Su irrupción dejó dos huellas que vale la pena subrayar. La primera: obligaron a sus rivales a adaptarse. Nadie que quisiera sobrevivir podía seguir actuando como en los noventa. Había que igualar su capacidad, su letalidad, su forma de imponer miedo. Se desató una carrera armamentista y una competencia por visibilizar la violencia. La segunda huella fue aún más profunda. Una estructura como la de Los Zetas no podía sostenerse solo con el tráfico de drogas. Su modelo de franquicias criminales los empujó a diversificar. Pasaron

---

[7] Víctor Manuel Sánchez Valdés y Manuel Pérez Aguirre, *El origen de Los Zetas y su expansión en el norte de Coahuila* (Ciudad de México: El Colegio de México, 2017), 12.

[8] Open Society Justice Initiative, *Atrocidades innegables. Confrontando crímenes de lesa humanidad en México* (Nueva York: Open Society Foundations, 2016): 94.

del trasiego a la extracción: cobro de piso, extorsión, robo de combustible, giros negros, narcomenudeo, secuestro. Todo lo que generara ingresos inmediatos sobre el territorio bajo su control. Como escribió Pablo Piccato, "la táctica de Los Zetas se convirtió en su estrategia. La brutalidad se convirtió en la esencia del grupo a costa de su coherencia".[9]

Nada de esto hubiera sido posible sin armas. Ni la expansión territorial, ni la diversificación del negocio, ni el efecto imitativo que desataron en otros grupos. Sin rifles de asalto, sin cargadores extendidos, sin fusiles automáticos que empezaron a cruzar desde Estados Unidos a partir de 2007, Los Zetas habrían sido otra cosa. No pioneros, sino excepción. Lo que los volvió vanguardia fue la combinación entre entrenamiento militar y acceso sostenido a armamento moderno. Esa combinación fue consecuencia directa del desmantelamiento regulatorio del mercado de armas estadounidense. Los Zetas fueron una forma de criminalidad habilitada por decisiones políticas tomadas al otro lado de la frontera. No fueron un accidente.

* * *

Los Zetas fueron, en buena medida, el primer grupo criminal mexicano cuyo modelo operativo dependía estructuralmente del acceso sostenido a armamento de alto poder. No de armas sueltas, sino de un mercado externo que, a partir de 2004, comenzó a inundar de rifles, fusiles y cargadores la frontera sur de Estados Unidos. Ese arsenal —legal en origen, ilegal en destino— fue el insumo que transformó una organización de élite en un actor paramilitar con ambiciones territoriales y capacidad expansiva.

La hipótesis es la siguiente: sin ese acceso, Los Zetas —u otros grupos similares que emergieron después— habrían sido militarmente competentes, pero estratégicamente limitados. No habrían

---

[9] Pablo Piccato, *Historia mínima de la violencia en México* (Ciudad de México: El Colegio de México, 2022): 239.

podido replicar su modelo a escala nacional, ni diversificar su portafolio delictivo, ni ejercer control sobre múltiples plazas simultáneamente. Su éxito —como el de quienes luego los imitaron— dependió menos del narcotráfico que de la logística de guerra.

El acceso a rifles semiautomáticos, fusiles automáticos y cargadores extendidos no solo aumentó la capacidad de fuego: cambió la forma de operar. Lo que antes eran células pequeñas dedicadas a ejecuciones selectivas se transformó, en muchos casos, en unidades móviles capaces de controlar rutas, realizar incursiones a gran escala y sostener enfrentamientos prolongados. El convoy armado, con vehículos modificados, hombres uniformados y armas largas a la vista, se convirtió en una forma de despliegue, de conquista y de mensaje.

Este patrón fue una consecuencia directa del acceso sostenido a armamento moderno. Ningún grupo podía montar un convoy con pistolas o escopetas de cacería. Para eso se requerían fusiles AR-15, AK-47, R-15, Barretts 0.50 y lanzagranadas. Se requería un mercado dispuesto a vender sin preguntar, una frontera porosa y una cadena logística capaz de llevar las armas desde los estantes de Arizona hasta los caminos de Zacatecas. A partir de cierto umbral de armamento, el crimen dejó de parecer crimen: empezó a parecer guerra. No solo por su letalidad, sino por su forma de ocupar el territorio. Las armas no solo permiten matar: permiten moverse, intimidar, sostener, resistir. Son, también, arquitectura.

Una vez asegurado el control territorial mediante el despliegue armado, los grupos criminales comenzaron a diversificar su actividad. La violencia dejó de ser un medio para proteger mercados ilícitos y pasó a ser una estrategia de acumulación sobre economías legales. Se impuso una lógica extractiva: el crimen ya no necesitaba flujos trasnacionales, era suficiente con dominar localmente y con suficientes armas.

El rifle se convirtió en una herramienta de cobro. No solo para amedrentar, sino para garantizar ingresos constantes. Donde antes se necesitaban acuerdos, empezó a bastar con la amenaza sostenida. La extorsión dejó de ser un mecanismo puntual y se volvió una fuente estructural de ingresos. Fue un cambio de rubro, pero también de lógica. El negocio dejó de depender de la mercancía y pasó a depender del territorio. Y el control del territorio depende, en buena parte, del poder de fuego. La violencia se volvió rentable porque habilitó otras formas de explotación. Las armas, además de ser parte del conflicto, se volvieron el capital fijo.

El control territorial armado no se limita a asegurar ingresos. También produce formas de autoridad. En zonas donde el Estado está ausente, replegado o coludido, los grupos criminales armados ocupan su lugar. Con armas largas y capacidad de fuego sostenido, no solo se cobran rentas: se imponen reglas. Se establecen horarios, se vigilan movimientos, se castigan desviaciones. La violencia, en estos contextos, se convierte en un mecanismo de disciplinamiento.

Las armas aseguran el monopolio de la fuerza y, con él, la capacidad de arbitrar conflictos, resolver disputas y castigar a quien incumple. No se trata solo de infundir miedo, sino de instaurar un orden. Uno frágil, violento y volátil, pero orden al fin. Sin capacidad armada, ese tipo de gobernanza no sería posible. Las armas no son un añadido. Son la condición misma del ejercicio de autoridad criminal. Donde el Estado deja de regular, el grupo armado ocupa su lugar. Regula porque puede disparar.

La transformación del crimen organizado en México durante las últimas dos décadas no puede entenderse sin el acceso sostenido a armas de fuego de uso militar.

Sin el flujo de rifles, cargadores extendidos, fusiles automáticos y municiones de alto calibre que comenzó tras la expiración de la AWB y el blindaje legal de la industria armamentista, ese nuevo mapa criminal no habría sido posible. Lo que ocurrió no fue solo una guerra más intensa: fue otra guerra. Un conflicto armado con insumos legales, con reglas impuestas por el mercado, con consecuencias territoriales. En el centro de esa transformación estuvo el arma.

Los efectos sobre el Estado: la carrera armamentista

Cuando los grupos criminales comenzaron a armarse como ejércitos, el Estado mexicano respondió como si enfrentara uno. Lo que comenzó como una estrategia para contener el poder de fuego terminó redibujando el mapa institucional de la seguridad pública. A partir de 2007, el despliegue militar se volvió permanente. Se multiplicaron los operativos federales y las intervenciones en estados y municipios. Las policías municipales fueron desplazadas. Las Fuerzas Armadas comenzaron a patrullar calles, asegurar territorios y ejecutar detenciones. La respuesta fue una admisión: las policías locales no tenían el poder de fuego necesario para enfrentar al crimen. Estaban rebasadas. Así, el Estado mexicano, superado en capacidad balística, optó por su reserva más poderosa. Lo que parecía una decisión política fue, en buena medida, una reacción forzada.

La respuesta militar no fue inevitable, aunque sí funcional frente a la asimetría de armas. Conviene decirlo sin rodeos: ningún partido, ningún gobierno, ninguna fuerza política apostó seriamente por construir una alternativa civil. Nadie invirtió en profesionalizar policías locales, en diseñar estrategias de prevención sostenidas, en edificar capacidades institucionales desde lo municipal. Se eligió el atajo: desplegar soldados en lugar de formar agentes. Delegar el uso de la fuerza en lugar de regularla. Militarizar antes que reformar.

La decisión fue política. Su costo fue alto: la guerra se normalizó como modelo de seguridad. Lo que siguió fue una espiral, más armas en las calles, más despliegues, más confrontaciones. Una dinámica en la que la frontera norte funcionó como proveedor continuo y la frontera sur como campo de pruebas.

Esa espiral de militarización fue también, como muestran Campbell y McDougal, una dinámica de retroalimentación armada. Su modelo demuestra que un aumento del 10% en las compras de armas por parte de la policía entre 2006 y 2018 generó, en promedio, un incremento del 1.4% en las incautaciones de armas ilegales al año siguiente. Pero también ocurrió lo contrario: un aumento del

10% en las incautaciones de armas ilegales derivó, al año siguiente, en un aumento del 18.5% en las órdenes de compra de armas policiales.[10] Es decir: mientras el crimen se armaba más, el Estado compraba más armas; y mientras el Estado se armaba más, el crimen respondía con más tráfico. Una carrera armamentista en la que la frontera norte funcionó como proveedor continuo y la frontera sur como campo de pruebas.

Una frase encapsula nuestra tragedia cotidiana: la militarización del crimen llevó a la militarización de la seguridad pública.

Fue un problema de voluntad política y de proporción. Las policías locales no estaban diseñadas para enfrentar convoyes armados con fusiles automáticos ni para resistir el poder de fuego de organizaciones criminales paramilitarizadas.

Dicho esto, también es cierto que, frente a ese desafío, la clase política eligió no rediseñarlas. Eligió no invertir, no corregir, no reformar. Ante el desbordamiento, se optó por la salida más inmediata: militarizar. Así, la lógica de la guerra fue desplazando a la del patrullaje. La idea misma de "seguridad pública" comenzó a diluirse bajo el peso de operativos, despliegues y comandos. El Estado se militarizó por omisión y por necesidad. Elija usted los grados de responsabilidad.

El avance del crimen armado trajo consigo enfrentamientos y vacíos. En amplias regiones del país, el Estado respondió con repliegue. Se retiró de territorios completos, dejó sin atender funciones básicas y permitió que el control operativo pasara a otras manos. Las organizaciones criminales no actuaron como intrusos: ya estaban dentro. Más que ocupar un vacío, consolidaron su lugar dentro de las estructuras estatales. No construyeron un poder paralelo; capturaron el que ya existía.[11]

---

[10] McDougal y Campbell, "Mexican Drug Cartels Use Hundreds of Thousands of Guns Bought from Licensed US Gun Shops".

[11] El concepto de "captura del Estado" ocupa un lugar central en la literatura reciente sobre crimen organizado en América Latina. Lejos de limitarse a la corrupción de funcionarios, alude a un proceso más estructural en el que actores armados moldean directamente las reglas, las decisiones y las funciones estatales.

La captura no fue total, pero sí funcional. En numerosos municipios, los grupos armados ejercían control sin necesidad de derrocar gobiernos. Bastaba con condicionar sus decisiones. La policía permanecía uniformada, los alcaldes seguían despachando, los jueces firmaban resoluciones. Pero el margen de autonomía institucional era mínimo. Las órdenes se dictaban fuera del palacio municipal. La ley se subordinaba al fusil. El Estado no dejó de existir, pero dejó de gobernar.

Esa captura se sostuvo sobre una premisa simple: quien tiene las armas tiene el poder. En regiones donde el crimen armado dominaba la cadena logística —rutas, arsenales, vehículos—, el Estado carecía de condiciones mínimas para hacer valer su autoridad. Se imponían reglas, horarios, prohibiciones. Se regulaban precios, giros comerciales, desplazamientos. Fue una forma de gobernanza impuesta por superioridad balística.

En este contexto, la frontera entre lo estatal y lo criminal se desdibujó. La captura del Estado ocurrió porque carecía de medios para resistir. La soberanía se desmoronó ante una correlación de fuerzas desfavorable. El crimen impuso su dominio al mostrar que podía ganar cualquier enfrentamiento.

Esa realidad persiste. Mientras escribo esto, en 2025, hay regiones donde el poder formal sigue subordinado al poder de fuego. Donde los gobiernos locales gobiernan con permiso. Donde el Estado existe, pero ya no manda.

Véase Luis Jorge Garay Salamanca y Eduardo Salcedo Albarán, "Captura del Estado y reconfiguración cooptada del Estado", en *Narcotráfico, corrupción y Estados*, ed. Luis Jorge Garay Salamanca y Eduardo Salcedo Albarán (Ciudad de México: Debate, 2012), 33-48; Benjamin Lessing, "Logics of Violence in Criminal War", *Journal of Conflict Resolution* 59, núm. 8 (2015): 1486-1516; Joel S. Hellman, Geraint Jones y Daniel Kaufmann, "Seize the State, Seize the Day: State Capture, Corruption, and Influence in Transition", Policy Research Working Paper núm. 2444, The World Bank, septiembre de 2000; Carlos Antonio Flores Pérez, *Historias de polvo y sangre. Génesis y evolución del tráfico de drogas en el estado de Tamaulipas* (Ciudad de México: Publicaciones de la Casa Chata, 2013).

México: víctima colateral

La violencia que vino del Norte no se explica solo con cifras ni con mapas de rastreo. Se explica con tres efectos encadenados: más muertos, crimen más armado y un Estado cada vez más militarizado. En el centro de esa transformación estuvo el arma.

Primero, el efecto letal. La literatura revisada —diversa en métodos, pero convergente en resultados— demuestra que el acceso a armas de alto poder desde Estados Unidos está asociado con un aumento significativo en las tasas de homicidio en México. Estudios como los reseñados establecen vínculos robustos entre la disponibilidad de armamento y la letalidad. Lo que estas investigaciones permiten afirmar con confianza es que la proliferación de armas en el norte ha producido muertes en el sur.

Segundo, el efecto organizativo. La disponibilidad de armamento moderno fue un insumo clave para la transformación del crimen organizado. Grupos como Los Zetas no solo usaron armas: las incorporaron como parte central de su modelo operativo. El armamento permitió nuevas formas de control territorial, despliegue táctico, intimidación sistemática y diversificación del negocio criminal. Estamos ante una arquitectura armada que habilitó una nueva etapa del crimen. La expansión de estas capacidades no habría sido posible sin el flujo constante de rifles, fusiles y municiones provenientes de Estados Unidos.

Tercero, el efecto estatal. La asimetría de fuego entre grupos criminales y fuerzas civiles empujó a los gobiernos mexicanos a optar por una estrategia de militarización sostenida. Ante la imposibilidad de enfrentar convoyes armados con cuerpos policiales debilitados, la respuesta fue desplegar a las Fuerzas Armadas en tareas de seguridad pública. Como sugieren algunos estudios, esto desató una espiral: más armas ilegales implican más compras de armas por parte del Estado, y más armas oficiales tienden a generar más incautaciones ilegales. Se trata de una dinámica circular que refuerza la lógica bélica y desplaza los incentivos para construir instituciones civiles de seguridad. La consecuencia ha sido un Estado cada vez más armado, más reactivo y capturado por las condiciones del conflicto.

En conjunto, estos tres efectos delinean un patrón: el mercado estadounidense de armas no solo exporta bienes, exporta consecuencias. Lo hace mediante canales legales y extralegales, con efectos previsibles y documentados. La violencia en México es el resultado parcial de decisiones tomadas fuera de sus fronteras. La violencia es trasnacional. Lo intuíamos, pero ahora los datos nos lo confirman.

Entender esta dimensión trasnacional no implica negar las responsabilidades internas, sino ubicar correctamente los factores que han moldeado el conflicto. La libertad armada en Estados Unidos tiene un costo. Gran parte de ese costo —una parte inconmensurable— se ha pagado y se sigue pagando en nuestro propio territorio.

Epílogo

Es la noche del 30 de enero de 2010. Una casita modesta en un fraccionamiento de clase baja, al sur de una ciudad fronteriza. Es una fiesta de estudiantes.

Los más jóvenes apenas comienzan el Colegio de Bachilleres, a dos kilómetros en línea recta de ahí. Los mayores presumen a los chicos que ya son universitarios: cursan los primeros semestres en la Universidad Autónoma de Ciudad Juárez.

La verdad es que todos son jóvenes, muy jóvenes. El menor acaba de cumplir 15 años. El mayor apenas roza los 20. Son vecinos, primos, amigos de amigos. Se conocen de siempre. Esta noche ríen, brindan, bailan. Festejan los 18 de Manuel Enríquez, uno de los vecinos del barrio.

A las 11:40, los últimos invitados terminaban de llegar. Algunos otros ya comenzaban a marcharse. Esos —los que tienen que madrugar al día siguiente— logran salvarse.

Entonces empieza el ruido. Luego, los gritos. Nadie entiende qué pasa. Cinco camionetas se estacionan frente a la casa de la familia Enríquez. Bajan al menos 20 personas. No se cubren el rostro. Llevan armas calibre 9 mm y rifles AR-15. Comienzan a disparar a destajo. Todos son blancos posibles. La orden es exterminar.

El tiroteo dura apenas unos minutos. Los suficientes para asesinar a 16 muchachos y herir a 14 más. Más de 100 casquillos quedan incrustados en las paredes rojas de la casa con el número 1310 de la calle Villa del Portal.

Es la colonia Villas de Salvárcar. Ciudad Juárez.

* * *

Por años, Villas de Salvárcar fue el epicentro de la tragedia nacional.

He leído todas las reseñas de aquella noche. Releo en la hemeroteca los relatos de los sobrevivientes y las declaraciones de los primeros detenidos. Según la mayoría de las fuentes, el comando armado pertenecía a Los Aztecas, sicarios de la organización La Línea, brazo armado del Cártel de Juárez. En México, el crimen organizado se organiza como matrioshkas: capas dentro de capas. Los Aztecas, La Línea, el Cártel.

En esos meses, el Cártel de Sinaloa peleaba contra el de Juárez por el control de la aduana. Los Aztecas, estimados en unos 600 miembros según el FBI, ejecutaban la guerra. Las matanzas eran diarias. Esta fue solo una más.

Según uno de los detenidos, todo se debió a una confusión: un pitazo mal dado. Alguien —por torpeza o malicia— avisó que en esa fiesta había miembros de la pandilla "AA": Artistas Asesinos, aliados del Chapo Guzmán. La orden de La Línea fue clara: "Denles parejo. Ya valieron todos".

Así lo hicieron. Excepto que en esa fiesta no había asesinos. Solo preparatorianos. Universitarios. Ninguna relación con el conflicto. Ni artistas ni asesinos.

La masacre de Villas de Salvárcar bautizó el año 2010. El año anterior, Ciudad Juárez había registrado 2 581 ejecuciones. La mayoría: hombres, jóvenes, pobres, urbanos.

* * *

Este libro termina con la historia de Villas de Salvárcar, pero podría hacerlo en cualquier otra escena del crimen en México. En cientos de lugares distintos. En miles. En más de un sentido, es una historia como cualquier otra.

Esta, sin embargo, tiene una particularidad. O dos. La primera, que Villas de Salvárcar fue noticia nacional. Casi por accidente. No lo fue tanto por la magnitud del desastre (la saturación mediática ya era parte del paisaje), sino por las declaraciones impúdicas de presidente Felipe Calderón. De viaje por Japón, aconsejado por quién sabe quién, el expresidente afirmó que las víctimas eran pandilleros. "En algo andaban", dijo. Con una frase, redujo la ejecución de 16 jóvenes a un simple ajuste de cuentas. Era lo normal en ese sexenio.

"En algo andaban", repito en voz baja desde el escritorio. "En algo andaban".

La evidencia y el tiempo mostraron lo contrario. Ninguno de los muchachos tenía vínculo con banda criminal alguna. Días después, Calderón tuvo que pedir disculpas y, a regañadientes, viajar a Juárez para reunirse con las familias. Le dijeron de todo. Él aprovechó la visita para presentar el enésimo ajuste a su estrategia federal, y prometió justicia. No la hubo, pero escribirlo está de más.

Hay una segunda particularidad en este caso. El 9 de marzo de 2010, exactamente 37 días después de la masacre, un subteniente del Ejército mexicano informaba a su superior que "por lo menos tres armas calibre 9 mm y 7.62 de procedencia norteamericana", ligadas a un "programa de rastreo" de la ATF, habían sido usadas en los hechos de Villas de Salvárcar.[1] El oficio especificaba que las armas habían sido "ingresadas por la frontera de Rodrigo M. Quevedo, Chihuahua, de manera ilegal" y que existía "un grupo de armas aún no determinadas que ingresaron hacia Ciudad Juárez y Agua Prieta, Sonora" por el mismo puerto fronterizo.[2]

[1] Los programas de rastreo no son exclusivos del control de armas ni de la ATF. Se trata de herramientas diseñadas para reconstruir cadenas de suministro ilícitas mediante el seguimiento de objetos físicos desde su punto de origen hasta su recuperación o decomiso. Estos pueden ser armas, vehículos, dinero en efectivo o incluso precursores farmacéuticos. En el caso de la ATF, la agencia los ha utilizado para identificar el origen de un arma recuperada en la escena de un crimen o en posesión de un actor ilegal. El proceso parte del número de serie grabado en el arma y rastrea su cadena de custodia desde el fabricante o importador, pasando por el distribuidor y el primer comprador minorista.

[2] Memorándum de Rigoberto Vega García a Felipe de Jesús Espitia Hernández, "Notificación de procedencia de armamento de utilización criminal", 9 de marzo de 2010.

La información, según el documento, había sido proporcionada por la propia ATF y confirmada por el laboratorio de ciencias forenses de la Procuraduría General de Justicia de Chihuahua.

La nota la recibió el general de brigada Felipe de Jesús Espitia. Estoy seguro de que no entendió nada. En ese tiempo, la expresión "programa de rastreo" no significaba nada para casi nadie.

Aunque nunca se pudo probar del todo, es de presumir que, en efecto, tres de las armas usadas aquella noche en Juárez proviniesen de "Rápido y Furioso", el operativo encubierto que permitió que más de 2000 armas de fuego —principalmente rifles de asalto, pistolas 9 mm y fusiles calibre 0.50— cruzaran deliberadamente la frontera con la promesa de que serían rastreadas hasta los líderes del crimen organizado. La ATF las dejó pasar entre 2009 y 2011, sin informar al gobierno mexicano y sin establecer mecanismos reales de seguimiento.

A pesar de todo, sabemos que la supervisión era apenas una ficción. Alfredo Celis, por ejemplo, compró 133 rifles tipo AK-47 en un solo año sin levantar sospechas. Joshua Moore, un antiguo *marine*, adquirió 148 rifles similares en apenas cinco meses. Uriel Patiño, un joven de 25 años con residencia en Phoenix, logró hacerse legalmente de 720 armas. Y Jaime Ávila Jr., amigo de Patiño, gastó 55000 dólares en efectivo para comprar 52 armas en siete meses.[3] Todos bajo la mirada —y en más de un caso, con la complacencia— de los agentes de la ATF.

El resultado fue predecible: las armas se perdieron. Solo unas 700 fueron recuperadas. El resto desapareció en el caos del mercado negro. ¿Cuántos muertos? ¿Cuántos heridos? ¿Cuántas familias?

Algo es cierto: en vez de frenar el tráfico, la ATF lo facilitó. En lugar de desarticular redes, sus agentes las fortalecieron. Sus funcionarios no atraparon jefes, no desmantelaron cárteles. Solo sumaron cadáveres.

---

[3] Departamento de Justicia del Distrito Sur de California, "Seven Straw Purchasers in Arizona Firearms Trafficking Case sentenced to Federal Prison", 12 de diciembre de 2012.

En México, como era de esperarse, 16 años después, no hay un solo condenado por Rápido y Furioso. El único esfuerzo sostenido por esclarecer lo ocurrido proviene del litigio estratégico. Javier Schütte Ricaud, abogado con el corazón en el lado correcto, lleva más de una década impulsando el caso ante tribunales mexicanos. Ha buscado imputar responsabilidad penal a los funcionarios que permitieron —o toleraron— la operación. Su despacho ha aportado pruebas documentales que evidencian el involucramiento de autoridades mexicanas en el caso, y ha mantenido viva, casi en solitario, la única presión real para que se castigue a los responsables en ambos lados de la frontera. Si algún día conocemos a profundidad el caso, será gracias a él.

* * *

Rápido y Furioso fue un caso extremo de negligencia, pero también una síntesis perfecta. Un resumen brutal. Envuelve, en una sola operación, la hipótesis con la que cierro este libro: que a Estados Unidos y a su gobierno no les ha interesado, en ningún momento, frenar el tráfico de armas hacia México. No lo hicieron cuando pudieron. No lo hicieron cuando se les pidió. No lo han hecho siquiera cuando ha sido evidente el costo humano de ciudadanos estadounidenses.

Villas de Salvárcar es la prueba más obscena de esa indolencia. Es la materialización del desinterés de Washington y la consecuencia directa de un sistema que permitió que armas compradas legalmente en Arizona terminaran en una fiesta de preparatorianos en Ciudad Juárez. El asesinato de esos jóvenes fue el resultado de una cadena de negligencias, decisiones políticas y omisiones que hicieron posible lo impensable: que armas entregadas bajo custodia estatal terminaran en manos de asesinos.

* * *

Como revisamos en este libro, durante un cuarto de siglo, el gobierno federal de Estados Unidos esquivó cualquier reforma real sobre armas.

Durante la presidencia de Joe Biden (2020-2024) hubo un intento real de cambio. Aunque muchas promesas quedaron a medias, por primera vez en casi tres décadas se alteraron líneas que parecían inamovibles.

De forma similar a Bill Clinton en 1994, Joe Biden asumió la presidencia con una agenda explícita: enfrentar la violencia armada como prioridad nacional. Desde el inicio, impulsó reformas estructurales —como la verificación universal de antecedentes y la ampliación de los plazos para que el FBI completara sus investigaciones— que buscaban cerrar vacíos legales ampliamente documentados. El Congreso, y en particular el Senado, intentó frenar ese impulso. Sin embargo, contra todo pronóstico y en un clima político profundamente polarizado, la administración Biden logró lo que no había conseguido ningún otro gobierno en décadas: aprobar una legislación federal bipartidista en materia de armas, la Ley Bipartidista para Comunidades Más Seguras (Bipartisan Safer Communities Act, BSCA), aprobada en junio de 2022 y firmada por Joe Biden el 25 de ese mes.

Los sectores más radicales lamentaron que no se tratara de una reforma maximalista ni de un verdadero parteaguas en la lucha contra la violencia armada. Incluso entre los críticos, sin embargo, hubo consenso en un elemento crucial: se trató de una reforma sustantiva, con efectos tangibles en el sistema de verificación, el financiamiento estatal y la regulación del tráfico de armas.[4]

El contenido de la BSCA fue quirúrgico: intervino justo donde el sistema era más vulnerable.[5] Endureció los controles para compradores de entre 18 y 21 años, al exigir que el FBI —a través del sistema de verificación NICS— consultara expedientes juveniles, antecedentes escolares y registros de salud mental estatales antes de autorizar la venta. Era una grieta ampliamente conocida, pero deliberadamente ignorada por el Congreso durante años. La ley la cerró con precisión técnica y un respaldo político improbable.

---

[4] Alain Stephens, "Biden Promised Gun Reform. Did He Deliver?", *The Trace*, 25 de noviembre de 2024.

[5] Annie Karni y Emily Cochrane, "Senate Breaks Decades-Long Impasse on Gun Safety", *The New York Times*, 23 de junio de 2022.

Gracias a la BSCA, el gobierno federal destinó recursos para implementar leyes estatales de "alerta roja", una suerte de mecanismos judiciales que permitían decomisar armas a personas consideradas un riesgo inminente para sí mismas o para otros. La reforma también corrigió una de las omisiones más cínicas del sistema: la *boyfriend loophole* (laguna legal de novio), que permitía que hombres condenados por agredir a sus parejas sentimentales —cuando no vivían con ellas, no estaban casados ni tenían hijos en común— conservaran legalmente sus armas. La BSCA amplió la definición de relación íntima para incluir noviazgos recientes, y prohibió la posesión de armas a quienes hubieran sido hallados culpables de violencia doméstica en ese contexto.

Uno de los cambios más significativos fue la tipificación del tráfico de armas como delito federal. Antes de la BSCA, increíblemente, no existía un tipo penal específico en la legislación federal para sancionar el tráfico ilícito de armas de fuego. Tampoco para las llamadas compras de paja (*straw purchases*), en las que una persona adquiere un arma a nombre de otra para eludir controles legales. Aunque —como hemos visto— ambas prácticas estaban en el centro del abastecimiento ilegal, operaban en una zona gris. Estas compras podían ser denunciadas por fraude o por declaraciones falsas, pero no como delitos armamentistas. La reforma cerró esa omisión histórica. Por primera vez, definió el tráfico de armas como una figura autónoma y lo castigó con penas de hasta 15 años de prisión. Lo mismo con las compras de paja. El avance fue enorme. Más de 500 acusaciones derivaron de esa sola medida.

A esa reforma se sumaron medidas adoptadas el año anterior, que prepararon el terreno y reforzaron el viraje que la administración Biden intentó imprimir desde el inicio. Así, por ejemplo, en 2021, el presidente ordenó al Departamento de Justicia y a la ATF endurecer las reglas sobre dos de las zonas más porosas del mercado: las armas fantasma (*ghost guns*) y los estabilizadores de pistola.[6]

[6] Los estabilizadores de pistola son accesorios que permiten disparar con mayor precisión armas cortas con una sola mano, convirtiéndolas en dispositivos semi-

Se exigió que los kits de ensamblaje —hasta ese año vendidos sin número de serie ni verificación de antecedentes— fueran clasificados como armas de fuego y, por tanto, sujetos a los mismos requisitos que cualquier otra.[7] Por primera vez el Estado reconocía una obviedad: el arma no nace cuando se dispara, sino cuando se fabrica. Una gran laguna legal llegaba a su fin.

A eso se sumó el lanzamiento de una política de "tolerancia cero" para los comerciantes que vendieran armas a personas con antecedentes penales o violaran los protocolos de verificación. La consecuencia fue inmediata: aumentaron de forma significativa las revocaciones de licencias a vendedores reincidentes, algo inusual en décadas recientes. El primer intento de Biden por nombrar un director permanente de la ATF fracasó por presión del *lobby* armamentista, pero insistió. En 2022, logró finalmente la confirmación de Steve Dettelbach, rompiendo con más de una década de acefalía funcional en la agencia encargada —al menos en teoría— de regular el mercado de armas más caótico del mundo.

Hubo más. En 2023, Biden creó la Oficina de la Casa Blanca para la Prevención de la Violencia Armada (White House Office of Gun Violence Prevention). Su objetivo: articular políticas federales, apoyar a comunidades devastadas por tiroteos y coordinar leyes de alerta temprana. Ordenó acciones contra los dispositivos de conversión de ametralladoras, promovió protocolos escolares y exigió almacenamiento seguro de armas. Parecía, por fin, que el Estado federal asumía algo de responsabilidad.

Por un instante, muchos pensamos que podía abrirse otro ciclo. Uno parecido al de los años noventa, cuando la presión social,

---

automáticos más letales. Uno de estos fue utilizado en el tiroteo de Boulder, Colorado, en 2021.

[7] En ese mismo sentido, en 2023, la ATF restringió el uso de los llamados *pistol braces*, una suerte de dispositivos diseñados para estabilizar armas cortas, pero que en la práctica permitían convertirlas en rifles más precisos y fáciles de usar. La nueva norma, obligó a registrar este tipo de armas bajo reglas más estrictas, similares a las que se aplican para los rifles de cañón corto. El malestar del *lobby* armamentista fue brutal.

la iniciativa presidencial y una mayoría fugaz en el Congreso permitieron imponer límites al mercado armamentista. Que el control de armas, siempre postergado, podía dejar de ser una promesa vacía. Que esta vez el impulso alcanzaría para fijar normas duraderas. Pero fue solo eso: un instante.

Lo que parecía un giro histórico resultó ser un paréntesis.

Fugaz.

* * *

Concluyo este libro en octubre de 2025. Donald Trump lleva menos de diez meses de regreso en la Casa Blanca y ya es posible afirmar que los principales avances de la administración Biden en materia de control de armas han sido desmontados. Las órdenes ejecutivas fueron revertidas sin demora; las regulaciones, canceladas una por una; los nombramientos clave, desactivados o vaciados de contenido. Todo aquello que costó años de presión política, negociación legislativa y voluntad administrativa ha comenzado a deshacerse con la velocidad de quien ya no necesita pedir permiso.[8]

Lo que tomó años levantar fue derribado en semanas, con la impunidad de quien cree tener la historia a su favor. Aunque no la tiene.

El retroceso ha sido cruel, inmediato, metódico y deliberado. En el transcurso de meses, la nueva administración anuló las restricciones a las armas fantasma, detuvo las acciones contra los dispositivos de conversión automática y congeló las investigaciones de la ATF sobre comerciantes con historial de violaciones reincidentes. Apenas llegó a la presidencia, Trump desmanteló la política de tolerancia cero. Sin debate público y sin evaluación técnica. Bastó una orden administrativa para revertir una de las pocas políticas que había logrado reducir la reincidencia entre vendedores de armas y aumentar las revocaciones de licencias a nivel federal. Nadie explicó por qué. Basto que Trump decidiera que ya no era necesario.

[8] Giffords Law Center, "Tracking Trump's Disastrous Record on Guns", 20 de mayo de 2025.

Misma suerte corrió la Oficina para la Prevención de la Violencia Armada. El 20 de enero de 2025, apenas unas horas después de tomar posesión, Donald Trump ordenó su cierre. Su única firma bastó para eliminar la primera instancia federal dedicada exclusivamente a coordinar respuestas contra la violencia armada. Se trató de un acto simbólico y operativo que desactivó el corazón del esfuerzo institucional más importante del gobierno federal.

La ofensiva contra la regulación armada no se detuvo ahí. En abril, el Departamento de Justicia derogó oficialmente la política que permitía revocar licencias a vendedores reincidentes; en mayo, se autorizó la venta de los dispositivos que permiten disparar balas a gran velocidad con armas semiautomáticas. En junio, se puso en marcha un programa para revisar o eliminar más de 50 regulaciones de la ATF antes del 4 de julio, Día de la Independencia de Estados Unidos. Como parte del mismo esfuerzo, la agencia recortó personal clave, paralizó inspecciones programadas y comenzó a evaluar —según un documento interno filtrado a la prensa— una posible fusión de la ATF con la DEA. Esto implicaría la desaparición de la única agencia federal encargada de regular el comercio de armas en Estados Unidos. Es posible que cuando este libro salga a circulación, la ATF ya no exista como agencia regulatoria o esté en vías de desaparecer. El retroceso sería de décadas.

El *lobby* aprendió rápido. En su primer mandato, Trump mostró un compromiso evidente con la desregulación, pero le faltó método. Operó con torpeza, a base de impulsos y sin una estrategia clara más allá de complacer al *lobby* armamentista. En 2025 ya no fue así. Regresó con un mapa preciso de lo que debía desmantelar. Sabía dónde estaban las reglas, cómo neutralizar las agencias y qué nombramientos estratégicos debían bloquearse. Esta vez no llegó a improvisar el desorden: llegó a ejecutarlo.

Ya podemos decirlo: el retroceso es estructural. El mensaje, transparente. Lo que se había construido como una excepción en la presidencia de Biden —con avances parciales pero inéditos— terminó convertido en otro paréntesis. En Estados Unidos, los ciclos reformistas duran lo que tarda la siguiente elección en dar la vuelta. Cada avance es una pausa; cada presidencia progresista, una tregua.

La norma no es la regulación: es la captura del Estado por la industria armamentista. Por eso el mercado siempre gana. Sus números negros son los rojos de México. Las armas siempre encuentran el modo de volver.

Para eso sirve, entre otras cosas, la perspectiva histórica: para identificar rupturas y continuidades, para rastrear patrones que se repiten bajo nuevas formas. Este breve capítulo —más epílogo que conclusión— resume lo documentado en los capítulos 3 y 4: un esfuerzo reformista acotado, seguido de una contrarreforma implacable. La estructura de fondo no se alteró. La industria armamentista conservó su poder intacto, y el sistema regulatorio emergió más frágil que antes.

La historia no avanza en línea recta. Es un laberinto, no una flecha. A veces retrocede, a veces se burla. La primera vez como tragedia, la segunda como farsa. En eso, Marx no se equivocó.

* * *

De todo esto hay una lección que aprender. Una lección dolorosa. Alrededor de ella quiero terminar de bosquejar este libro: el gobierno de Estados Unidos no va a modificar —en el corto plazo— su política de armas de fuego. No habrá una mejora regulatoria ni a nivel federal ni en la mayoría de los estados. Tampoco ocurrirá un cambio significativo en su política de exportaciones legales de armas. En otras palabras: no podemos seguir esperando un cambio en Estados Unidos para modificar nuestra realidad concreta.

¿Habrá que seguir presionando? Sí. ¿Es necesario modificar radicalmente las leyes estadounidenses? También. ¿Es verosímil pensar que eso ocurrirá pronto? No.

La buena noticia es que México no está condenado a la impotencia. México no tiene por qué esperar. Si algo ha quedado claro en estas páginas es que la raíz del problema está del otro lado de la frontera, pero eso no significa que desde aquí no pueda hacerse nada. Hay políticas públicas que no requieren permisos, ni tratados, ni la buena voluntad del presidente de Estados Unidos

—cualquiera que sea su nombre—. Basta con asumir que el daño ya está hecho, y que el costo de la pasividad es intolerable.

Delinear una política integral de prevención de la violencia armada en México desborda los objetivos de este libro. No por falta de urgencia, sino porque la tarea exige un tratamiento específico, con diagnósticos, prioridades y capacidades institucionales que no puedo abordar aquí en detalle.

Aun así, hay elementos mínimos que pueden señalarse. ¿Qué sí puede hacerse desde México? ¿Por dónde empezar cuando no se puede esperar? Las respuestas no son ni teóricas ni abstractas. Existen. Algunas son técnicas, otras políticas. Ninguna depende de Washington.

Lo primero es entender qué ocurre con las armas que ya están en circulación. Eso implica construir un sistema nacional de rastreo e identificación balística, como ya existe en otros países del continente. Hoy, en la mayoría de las fiscalías estatales mexicanas, los casquillos percutidos se archivan como evidencia muda. No se comparan con otros casos, no se sistematizan, no se cruzan. Emplear plataformas de identificación balística ya existentes permitiría hacer justamente eso: cruzar evidencia, encontrar coincidencias, identificar patrones, descubrir puntos de concentración y circulación. No es tecnología experimental. Funciona. Solo falta voluntad y coordinación para usarla.

En segundo lugar, México podría modernizar su sistema de control territorial. No hace falta militarizar la frontera para reducir el contrabando, pero sí hace falta profesionalizarla. Esto implica equipar puntos de revisión carreteros con escáneres no invasivos, capacitar cuerpos civiles especializados en tráfico de armas, establecer unidades móviles de inspección, mejorar la coordinación entre fiscalías, aduanas y fuerzas de seguridad. Lo que entra por la frontera no es un secreto. Es una omisión. Corregir esa omisión no requiere tratados bilaterales, sino prioridades presupuestales. Está en nuestras manos.

La tercera línea de acción apunta a quienes sobreviven. Por cada homicidio con arma de fuego, hay muchas más personas que viven para contarlo —aunque apenas—. Lo hacen con el cuerpo perforado, con el miedo incrustado, con secuelas físicas, psicológicas y sociales que rara vez son atendidas. Una investigación reciente que publicamos Eugenio Weigend y yo reveló que, entre 2013 y 2019, al menos 150 000 personas fueron heridas por arma de fuego en México.[9] La cifra triplica la reportada por el sistema nacional de salud, que durante ese mismo periodo solo reconoció unas 55 000. El subregistro es técnico, pero sobre todo político. Los heridos no se cuentan porque no se quieren ver.

Ignorarlos tiene consecuencias. Es dejar abierto un semillero de trauma, rabia y desesperanza. Es permitir que el disparo se repita en el mismo barrio, con otra víctima, con la misma historia. México necesita con urgencia programas de intervención hospitalaria (*hospital-based violence intervention programs*) que no se limiten a salvar vidas, sino que busquen reconstruirlas: conectar a los sobrevivientes con atención psicológica, con trabajadores sociales, con empleos, con programas sociales, con rutas de salida. No es caridad, es la mejor política de seguridad posible. Muchos de esos heridos son jóvenes, pobres, invisibles. Están en una bifurcación: o reciben apoyo o se hunden más.

En cuarto lugar, hay una política que parece menor, pero no lo es: registrar, sistematizar, comprender. La mayoría de los estudios sobre armas ilegales en México sigue trabajando con datos parciales, cifras fragmentadas y registros incompletos. No sabemos con certeza cuántas armas circulan, quién las dispara, quién sobrevive. Sin información confiable no hay estrategia posible. México no puede seguir esperando a que Washington le dé acceso a sus sistemas o a que una ONG en Texas publique un informe anual. Hace falta construir un sistema nacional de inteligencia sobre armas: desde las fiscalías, los hospitales, las policías locales. Solo así se puede dejar de responder a los disparos y empezar a anticiparlos.

Por último, México tiene un amplio margen de acción en el plano internacional. Aunque es el principal, no es el único país que

---

[9] Eugenio Weigend Vargas y Carlos Pérez Ricart, "Non-Fatal Gunshot Injuries during Criminal Acts in Mexico, 2013–2019", *Injury Prevention* 28, núm. 3 (2022): 238-242; Carlos A. Pérez Ricart y Eugenio Weigend Vargas, "Las balas que no matan: el elefante en la habitación", *Nexos*, 15 de febrero de 2022.

sufre las consecuencias de la negligencia de las distribuidoras y fabricantes de armas con sede en Estados Unidos. Tampoco es el único que enfrenta los efectos de un sistema legal que permite exportar armas sin mecanismos reales de seguimiento ni rendición de cuentas. En distintas regiones del mundo —de América Latina al Sahel— se repite el mismo patrón: violencia alimentada por armas estadounidenses y por la desregulación que las facilita. Frente a ello, existen canales multilaterales, foros internacionales y mecanismos jurídicos para impugnar las fallas estructurales del sistema. México puede —y debe— hacer más uso de ellos.

En los últimos años, México ha actuado con inteligencia.[10] No solo ha recurrido a foros multilaterales para visibilizar el problema del tráfico de armas, sino que ha aprovechado los propios mecanismos legales del sistema estadounidense para llevar el tema a los tribunales. En 2021, la cancillería presentó una demanda ante una corte federal en el estado de Massachusetts contra 11 empresas productoras y distribuidoras de armas.[11] El argumento central fue claro: esas compañías actúan con negligencia al diseñar, fabricar, distribuir y comercializar sus armas sin tomar medidas para evitar que terminen en manos del crimen organizado en México. Según la lógica de la demanda, al lucrar con un mercado que alimenta la violencia más allá de sus fronteras, estas empresas no son solo actores económicos: son corresponsables de la crisis de seguridad que golpea al país.

Un año después, en 2022, el gobierno mexicano presentó una segunda demanda, esta vez ante una corte federal en Arizona. El argumento retomaba la lógica del litigio en Massachusetts, pero con un giro importante: el blanco ya no eran los grandes fabricantes, sino los puntos de venta. Armerías concretas, ubicadas en la frontera, que

---

[10] Moshe Ben Hamo Yeger y Carlos A. Pérez Ricart, "La política de México en torno a las armas de fuego: '¿candil de la calle, oscuridad de la casa?'", *Foro Internacional* 4, núm. 250 (2022): 839-876.

[11] Carlos A. Pérez Ricart, Eugenio Weigend Vargas y Raúl Zepeda Gil, "Luces y sombras de la demanda mexicana contra las armerías estadunidenses", *Nexos*, 16 de agosto de 2021; León Castellanos Jankiewicz, "México vs. Smith & Wesson: una batalla legal sobre elementos extraterritoriales", *Nexos*, 16 de diciembre de 2021.

de forma sistemática venden armas que terminan en territorio mexicano. La demanda señaló lo obvio: ese comercio irresponsable no es ajeno al conflicto en México, lo alimenta todos los días.

Aunque en 2025 la Corte Suprema de Estados Unidos desechó la demanda presentada en Massachusetts, la de Arizona continúa su curso en el sistema judicial. Más allá del desenlace, ambas acciones lograron colocar en el centro del debate público en Estados Unidos la responsabilidad de la industria armamentista en la violencia que se vive fuera de sus fronteras. La decisión de la cancillería mexicana de invertir en estas rutas jurídicas ha sido, sin duda, un acierto. Este tipo de litigios —emprendidos de forma directa o en alianza con otros países afectados— tienen el efecto de visibilizar el problema y erosionar la narrativa de impunidad que ha protegido durante décadas a los fabricantes y vendedores de armas. Multiplicar estos esfuerzos es estratégico.

Todas estas propuestas —por supuesto— no agotan el tema. Apenas esbozan un punto de partida. Delinear una política integral, con prioridades claras, tiempos definidos y responsables concretos, exige un trabajo mucho más amplio, sistemático y riguroso. Merece un tratamiento propio. Cada una de estas recomendaciones podría desplegarse en un diagnóstico completo, y todas juntas darían para otro libro del mismo tamaño que este. Este no era ese libro. Aquí solo se trataba de dejar claro que el margen de acción existe, que no todo depende del Norte y que, incluso frente a una crisis importada, la respuesta puede —y debe— construirse desde dentro. No más, pero tampoco menos.

* * *

Cierro y termino de escribir. Una tarde de lluvia en la Ciudad de México. Son las siete de la noche. Y recuerdo el germen de este libro y la certeza que le dio origen: la violencia que desangra a México no puede entenderse sin mirar hacia el Norte. Porque fue allá donde se desmanteló el sistema de control. Fue allá donde se vendieron las armas que aquí matan. Fue allá donde se protegió, con leyes y cabilderos, a quienes lucran con el desastre.

Pero este no es un libro para abdicar. No basta con señalar la causa externa si no se enfrenta la interna. Las armas entran porque aquí las esperan. Porque las instituciones son débiles, la fiscalización es nula y el mercado negro funciona a plena luz del día. México tiene opciones. Puede rastrear, litigar, prevenir, atender, resistir. Puede reformar su política de drogas. Puede construir inteligencia, profesionalizar policías, proteger a los sobrevivientes, invertir en trabajadores sociales y tecnología.

Lo que no puede es seguir esperando. Ni un cambio en Washington, ni una disculpa diplomática, ni el resultado de una demanda legal contra distribuidores de armas, ni una regulación que nunca llega. Lo urgente está aquí. Ahora.

Lo que está en juego —territorios, soberanía, la posibilidad de sobrevivir— no permite demora.

Agradecimientos

Este libro condensa 12 años de trabajo en torno al tráfico de armas hacia México. Todo empezó en 2012, con un primer texto que escribí sin saber que estaba abriendo la caja de Pandora. Tal vez debí anticiparlo: en ciertos temas, investigar más no aclara, complica. Conocer es, a veces, desordenar lo que uno creía entender.

A lo largo del camino, fui acumulando deudas con colegas que ofrecieron generosidad antes que competencia, y amistad antes que reconocimiento. Compartimos datos, lecturas, congresos, paneles, desacuerdos y hallazgos. Este libro no existiría sin Mónica Serrano, Sabina Morales, Eugenio Weigend, David Pérez Esparza, León Castellanos Jankiewicz, Thomas Favennec, Javier Schütte, Sergio Aguayo y John Lindsay-Poland. Mucho de lo que escribo aquí también es de ellos.

Este libro tampoco habría sido posible sin el respaldo del Centro de Investigación y Docencia Económicas (CIDE). Agradezco especialmente a mis colegas de la División de Estudios Internacionales y a su director, Gerardo Maldonado. El CIDE me ha dado la libertad para investigar con el dinero de todos y en beneficio de todos. Ojalá este libro esté a la altura de esa responsabilidad.

Durante la escritura conté con la ayuda y la inteligencia de varios asistentes de investigación que hicieron mi trabajo —y mi vida— mucho más sencillo: Arantxa Ibarrola García, Luis Pagnan Carrillo, Luisa Salomón Milne y Valentina Carbonell. También agradezco el apoyo clave de Lorena Torres Salmerón, Regina Rocha y Brenda González Aguirre.

Agradezco, por supuesto, a mi editor, Juan Carlos Ortega. Tiene buena parte del mérito de que este libro haya encontrado, al fin, su punto final. Sin su presión —amable, constante, implacable— probablemente seguiría reescribiendo la introducción.

En lo personal, agradezco a Javier Corral. por compartir con Vanessa y conmigo la magia de Sándor Márai, lámpara maravillosa. Algunas presencias no necesitan explicación: bastan por sí mismas, como una casa encendida. A mi hermana y a mi madre, por ese ejemplo discreto que guía sin imponerse.

A Vanessa le agradezco el día y la noche, la mucha luz y la poca sombra, las correcciones y las risas; la arquitectura invisible que sostiene cada día que amanece. La certeza de no estar solo lleva su nombre.

Por último y primero, dedico este libro, como cada línea que he escrito desde enero de 2021, a la memoria de mi padre. No habría hecho falta explicarle por qué era necesario.

Esta obra se terminó de imprimir
en el mes de diciembre de 2025,
en los talleres de Litográfica Ingramex S.A. de C.V.,
Ciudad de México.